나눔을 실천한
한국의 명문종가

나눔을 실천한

한국의 명문종가

김영조 지음

도서출판 **얼레빗**

한국의 희망,
나눔을 실천한 명문 종가를 찾아서

"흉년에는 남의 논밭을 사들이지 말라.", "가문에 며느리들이 시집오면 3년 동안 무명옷을 입혀라", "사방 100 리 안에 굶어 죽는 사람이 없게 하라" 이는 우리가 익히 아는 경주 최부잣집의 가훈이다. 이렇게 우리나라의 종가 가운데는 부만 쌓지 않고 주위의 가난한 이웃을 위해 곳간을 활짝 연 곳들이 많다.

그런 집으로는 전 재산을 구휼에 쏟고 차용증서를 불태운 종가가 있으며, 일제강점기에 빼앗긴 나라를 구하고자 아흔아홉 칸 집을 처분하여 독립운동에 자금을 지원하고 손수 독립운동에 뛰어든 종가도 있다. 또한 교육사업에 사재를 털어 넣고 자신은 초가 종택에서 청빈한 삶을 꾸려온 종가도 있다.
'귀족은 의무를 진다'라는 뜻의 프랑스말 "노블리스

오블리제"를 말할 때 흔히 미국의 워런 버핏 같은 사람을 꼽는 사람이 많다. 하지만, 전 재산을 가난한 이웃을 위해 아낌없이 썼던 우리의 명문 종가들은 워런 버핏에 견줄 바가 아니다. 그럼에도 이들 종가의 '나눔을 실천한 삶'에 대한 이야기는 뜻밖에 알려져 있지 않다.

종가라고 하면 흔히 고색창연한 기와의 부잣집을 떠올리는 사람들이 많다. 사실 한국의 종가는 외형상으로 볼 때 그런 모습을 갖춘 곳이 대부분이다. 그러나 고래등 같은 고택이라고 해서 모두 '나눔을 실천한 가문'은 아니다. 글쓴이가 전국을 뒤져 찾아낸 '나눔을 실천한 명문 종가'의 기준은, 재물을 나눠 배고픈 이웃을 구휼했는가, 재물을 쏟아 교육으로 베풀었는가, 모든 것을 나라의 독립을 위해 바쳤는가 하는 세 가지 조건 가운데 한 가지라도 해당되는 집이어야 했는데 뜻밖에 이를 충족하는 집은 많지 않았다.

나눔과 베풂이라는 잣대를 가지고 전국을 뒤져 22곳의 종가를 찾아낸 글쓴이는 2013년에서 2014년에 걸쳐 이들 종가를 찾아 나섰다. 땅 끝 마을 해남의 녹우당 종가를 시작으로 경상도, 전라도, 충청도, 강원도에 이르는 전 지역의 '나눔을 실천한

종가'의 종손들을 만나면서 한결같이 아쉬운 점은 이러한 종가들이 대부분 일반에게 그다지 알려지지 않고 있다는 점이었다.

이번에 찾은 종가는 나눔과 베풂을 아낌없이 실천한 집안이었다. 그러나 그러한 사실도 훌륭하지만 그보다 더 훌륭한 일은 종손들이 이런 '나눔과 베풂'을 자랑으로 삼지 않고 당연한 일이었다고 생각하고 있는 점이다.

최부잣집 최염 주손은 말한다. "재산은 하늘이 우리 집안에 잠시 맡겨둔 것으로 나라를 위해서나 가난한 이를 위해서 필요하다면 언제든 내놓아야 한다."고 말이다. 또 강릉 선교장의 이강백 관장은 "우리 종가가 대단한 철학을 가졌다기보다 이웃과 함께 살아야 나도 행복할 수 있다는 지극히 원론적인 얘기로 답할 수 있다."라고 강조한다.

국민소득이 3만 달러에 이른다고는 하지만 한국 사회는 갈수록 인정이 메마르고 험악하다는 아우성이 여기저기서 들리고 있다. 이 시점에서 우리가 되새겨 보아야할 것은 보이지 않는 곳에서 한국인의 아름다운 정신인 '나눔과 베풂'을 실천한 사람들의 이야기가 아닐까?

그것은 화려한 고택 안에서 선조들의 명예와 부로 일궈낸 화단만을 만지작거리는 사람들이 아닌 배고픈 이웃의 삶을 이해하고 가진 것을 아낌없이 나누던 진정한 한국의 '노블리스 오블리제' 정신일 것이다.

이 책을 통해 한국의 명문 종가들이 어떻게 어려운 이웃을 위해 나눔을 베풀었는지 확인해보고 흔들리는 삶의 목표를 바로 세우는 계기가 되었으면 하는 바람이다.

4348년(2015) 광복 70돌을 맞은 날
서울 메주가맛골에서 한갈 김영조 씀

나눔을 실천한 한국의 명문 종가

제1부 가난 구휼을 최고의 덕목으로 삼다

제2부 독립운동과 교육사업에 모든 것을 바치다

제1부
가난 구휼을
최고의 덕목으로 삼다

부녀자 걸인에겐 의관정제하고 구휼하다
의성 만취당 김사원 종가

01

부녀자 걸인에겐 의관정제하고 구휼하다
의성 만취당 김사원 종가

"송은공의 어진 자손이요 퇴계의 문도였네
만취당을 짓고 수양을 쌓았으니 옛날 만년송 언저리라
나를 알아주는 이 드물어도 품은 생각 손상되지 않았다네
후손에게 은혜 베풀었으니 그 성광 지금에 빛나도다"

위는 정조 때 영의정을 지낸 번암(樊巖) 채제공(蔡濟恭)이 지은 만취당 김사원(金士元, 1539(중종 34)~1601)의 묘갈명(墓碣銘, 묘비에 새겨진 죽은 사람의 행적과 인적 사항에 대한 글)이다. 대학자 채제공이 김사원 선생의 묘비에 새긴 글을 보면 김사원 선생이 어떤 분인지 짐작할 수 있다.

만취당 종택 전경

교통편도 불편한 경북 의성 사촌마을의 만취당(국가지정문화재 보물 제
1825호, 경상북도 의성군 점곡면 만취당길 17)에 가는 날은 막바지 더위
가 숨을 헐떡이게 했다. 하지만, 이웃에게 베푸는 마음이 하늘같았던 어
른의 체취를 맡으러 가는 길을 더위 정도가 막을 수는 없었다.

만취당에 들어서자 김사원의 14세 종손 김희윤(金熙允) 선생이 온화한
모습으로 맞아준다. 만취당(晩翠堂)은 퇴계 이황(李滉)의 제자 만취당 김
사원(晩翠堂 金士元 : 1539~1601)이 학문을 닦고 후진을 양성하기 위해
1582년(선조 12)에 지어 430여 년 보존된 조선시대의 대청 건물이다. 밖

은 무더위가 극에 달했지만 대청마루에 앉으니 사방으로 들어오는 바람으로 만취당은 이미 선계였다.

"만취당 종가는 대단한 부자는 아니었습니다. 그래서 큰 나눔을 실천하지 못했지만, 종가의 정성을 다해 의를 실천하고 구휼하려 노력했습니다." 대담을 지극히 겸손한 말로 시작했지만 김희윤 선생의 이야기를 들으며 만취당이야말로 만인이 본받아야할 종가임을 확인하고 또 확인했다.

만취당 김사원의 14세 종손 김희윤 선생

임진왜란 이후 국난을 당할 때마다 의병 참여

조선은 의(義)의 나라였다. 국난을 당할 때마다 문신·무신을 가리지 않고, 양반·백성이 따로 없이 한결같이 나라를 위해 목숨을 바친 것이다. 물론 사촌마을 만취당 종가 사람들도 앞장섰다. 먼저 김사원 선생은 임진왜란이 일어나자 의성정제장(義城整齊將)에 추대되었고, 두 동생 김사형(金士亨), 김사정(金士貞)을 곽재우 의병장 휘하에서 싸우도록 하였다. 또 1728년(영조 4) 무신란(戊申亂) 때는 김이중(金履中)이 부의장이 되고 40여명이 의병에 참여하였다.

그뿐만 아니라 대한제국 말기 명성황후가 시해된 다음해에 일어난 1896년 병신의병(丙申義兵) 때에는 김상종(金象鍾)이 의병대장에 추대되고, 김수담은 선봉장, 김수협은 관향장, 김수옥은 소모장 등을 맡아 사촌 온 마을이 의병에 참여하였다.

그러나 의를 실천한 대가는 혹독했다. 조선 말기 사촌마을은 온 마을이 기와집이라 '영남의 와해(瓦海, 기와의 바다)'라 불렸는데 병신의병 직후 일제가 이 마을 거의 모든 기와집을 불태우면서 이름이 무색해져 버리고 말았다. 거기다 한국전쟁 때도 화마가 스쳐갔다. 인민군이 후퇴하면서 이 지역에서 미국 군인을 몇 명 죽인 것이 화근이 되어 미군은 인민군을 찾는다며 화염방사기를 차에 싣고 다니며 쏘아대어 또 한 번 많은 기와 · 초가들이 불타 사라졌다. 결국 두 번 모두 외세에 의해 아름답던 "와해"는 사라지고 만 것이다.

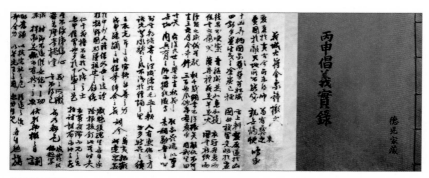

병신창의실록

병신창의기적비

그런 와중에서도 다행히 만취당과 후산정사 그리고 만취당 앞의 향나무
는 온전하게 살아남았다. 마을사람들은 만취당이 다행히 살아남은 것은
이 집안이 평소에 백성에게 베풀었던 덕분이라고 입을 모은다. 실제 만
취당도 불태우려고 소나무 가지를 가져다놓고 불을 질렀는데 소나무 가
지만 타고 만취당은 멀쩡했다고 한다. 하늘의 도움이 있었다는 말이 증
명된 셈이었다.

곡식 꿔간 사람이 토지문서를 가져오면 차용증서 찢어버려

만취당은 임진왜란 당시 굶주린 백성이 많았을 때 곡식을 내놓아 구휼했
다. 더구나 부녀자 걸인이 오면 김사원 선생은 꼭 의관정제를 한 다음 구
휼했다고 전한다. 그러니 마을 사람들이 "김씨의창(金氏義倉, 김씨의 의
로운 창고)"이라 부를 만도 했다. 당시 만취당은 수천, 수만 석의 재산을
가진 부자도 아니고 고작 수십 마지기 논밭이 전부였지만 이마저도 가난
한 사람들에게 아낌없이 나눠 주었다니 선생의 넓고 큰마음을 헤아리기
어렵지 않다.

그뿐만이 아니었다. 가난한 백성들은 봄에 식량을 꿔 먹고 가을에 수확
을 하면 갚는 일이 예사였는데 당시 양반들은 이를 빌미로 토지를 빼앗
기 일쑤였다. 하지만, 김사원 선생은 양식을 꾸러 오면 차용증을 쓰게 했

는데 갚지 못하고 토지문서를 가져왔을 때는 그 자리서 차용증서를 찢어 버렸다. 그러면서 "차용증을 쓴 것은 빌려간 곡식을 갚는데 게으르지 마라는 뜻이지 논밭을 뺏기 위함이 아니다. 그동안 얼마나 힘들었느냐"라고 위로했을 정도였다고 한다.

만취당

만취당 편액

종손 김희윤 선생은 어렸을 적 일화를 들려주었다. "집 옆에는 초등학교 가 있고 10분 거리에 중학교가 있지요. 그런데 홍수가 나면 개울 건넛마 을 아이들이 집에 갈 수가 없었습니다. 그러면 으레 만취당에 와서 먹고 자고 갔지요. 당시 어머니는 비가 많이 오면 '건넛마을 아이들을 데려 오 너라.'고 늘 말씀하셨습니다. 그래서 제 중학교 동무들 사이에선 '만취당 에서 하룻밤 잔 적이 없는 동무는 진정한 동무가 아니다.'라는 말이 있을 정도였습니다."

선생은 웃으면서 말했지만 나눔 실천이 생활화 됐던 집안에서만 있을 수 있는 일화일 것이란 생각이 들었다.

만취당 종가는 높은 벼슬 하지 않았던 집안으로 알려져 있다. 송은처사 김광수 선생은 진사 합격 뒤 성균관에서 공부하던 중 연산군의 폭정을 보고 이 조정에서는 벼슬하면 안 되겠다는 생각을 해서 낙향했다고 전한다. 이후 "벼슬을 탐하지 마라"는 것을 유훈으로 남겼다. 또 김사원 선생은 퇴계 선생을 찾아가 공부하기를 청했을 때 스승이 주자(朱子)의 관선재 시를 써주면서 벼슬보다는 학문에 전념하기를 바라자 이후 스승의 뜻을 충실히 따랐다.

한 집안에서 대과 급제자가 3명이 나오면 대단한 문벌이라고 하는데 만취당가에서 대과 급제만 13명이 있었는데도 높은 벼슬한 사람이 손에 꼽을 정도밖에 안 된다고 하니 송은처사의 유훈은 잘 지켜진 셈이다.

물론 남인의 몰락과 함께 퇴계 안동권역에서는 높은 벼슬을 탐하지 않는 경향이 컸던 것도 영향이었다고 김희윤 선생은 귀띔한다.

마을을 지키는 가로숲과 만녕송이라 부른 향나무

사촌마을엔 다른 마을에선 보기 드문 인공 숲이 있다. 바로 "사촌가로숲"

이 그것인데 입향조(入鄕祖, 마을에 맨 처음 들어와 터를 잡은 조상) 김 자첨 어른이 터전을 잡았을 때 서쪽이 허해 그를 보하려고 인공으로 숲을 조성한 것이다. 당시에는 서쪽이 허하면 큰 인재가 나지 않는다는 풍수설이 있어 그를 비보하려 했으며 이와 더불어 바람을 막는 방풍의 목적도 있었다고 한다. 방풍림 구실도 한 가로숲은 실제 숲 안쪽과 바깥쪽은 상당한 온도차를 만들어 주었다.

이곳 가로숲은 총면적 43,519㎡(약 11,817평), 문화재 지정면적 약 33,862㎡(약 10,261평)에 이르는데 조사 결과 이 숲에는 나이 300~400년 되는 상수리나무, 갈참나무 등 34종 1,500여 그루의 나무들이 있으며, 왜가리를 비롯하여 소쩍새, 황조롱이 등 20여 종의 새들이 살고 있다.

만취당이 있는 마을의 "사촌가로숲"

재미있는 것은 땅이름 등을 지을 때 보통 한자말을 쓰는데 견주어 이곳의 "가로숲"이란 이름은 길거리를 말하는 한자말 "가로(街路)"가 아니라 순수 토박이말이다. 좌우로 향하는 방향을 말하는 가로세로의 바로 그 "가로"인 것이다. 마을을 가로질러 조성되었다는 뜻이다. 굳이 가로 "횡(橫)"과 수풀 "림(林)"을 쓰지 않아도 전혀 문제가 되지 않고, 오히려 정감 있는 이름이 되었다.

만취당 앞에는 나이가 500년 정도 된 향나무가 서있다. 송은 김광수 선생이 나무를 심고 절조를 지킨다는 뜻으로 만년송(萬年松)이라 이름 지었다. 그 뒤 의성지역에 군수나 현감이 부임하면 만년송의 안부를 물었을 정도였다고 하니 높은 벼슬도 하지 않았던 만취당 주인의 인품을 짐작하고도 남음이 있다. 향나무는 높이 8m, 둘레 2.2m인 자단향나무로 비교적 수형이 잘 보존되어 있으며, 1995년 경상북도기념물 제107호로 지정되었다.

경북 의성 사촌마을은 기와집이 많다는 뜻의 "와해"라는 이름이 무색해졌지만 정부의 지원으로 속속 옛 건물들이 복원이 되고 있다. 안동김씨 도평의공파 종택, 김사원 선생을 추모하여 후손들이 지은 비지정건조물문화재 후산정사(後山精舍), 경상북도 문화재 자료 제234호 영귀정, 비지정건조물문화재인 후송재 등 많은 문화재급 건물들이 있다.

대담 뒤 김희윤 선생은 자청하여 마을 곳곳의 문화재들을 안내하고 설명
해주었다. 한여름 무더위를 아랑곳 하지 않고 하나라도 더 알려주려 노
력하는 모습을 보면서 현 종손에게도 만취당의 나눔 정신이 면면히 흐르
고 있음을 느꼈다. 한여름 대낮에 마을 곳곳을 돌아다니며 사진을 찍는
동안 나의 온몸은 땀으로 범벅되었지만 만취당을 소통하던 시원한 바람
한 줄기는 서울로 돌아오는 내내 가슴 속을 시원하게 해주고 있었다.

굴뚝을 섬돌 밑에 내어라
구례 운조루 류이주 종가

02

굴뚝을 섬돌 밑에 내어라

구례 운조루 류이주 종가

단아한 운조루 전경

운조루는 밥 짓는 연기가 보이지 않도록 굴뚝을 섬돌 밑으로 냈다.

"굴뚝을 섬돌 밑으로 내어라. 그래서 밥 짓는 연기가 멀리서 보이지 않도록 해야 한다. 쌀이 없어 밥을 지을 수 없는 사람에겐 밥 짓는 연기만 보여도 속상할 수 있느니……."

위는 양식이 없는 사람의 마음을 헤아린 말로 구례 운조루(전남 구례군 토지면 운조루길 59 (오미리))를 지은 문화 류씨 류이주(柳爾胄 : 1726~1797) 선생이 235년 전에 한 말이다. 굴뚝은 원래 불을 땔 때 연기가 밖으로 빠져나가도록 만든 구조물이 아니던가? 그렇다면 연기가 잘 빠져나가도록 하늘을 올려다보게 굴뚝을 만드는 게 당연한 이치다. 그런 데 굴뚝을 섬돌 밑으로 가게 하라니 이 무슨 말이던가?

요즘 부자들은 가난한 이들을 배려하기는커녕 어떻게든 가난한 이들의 쌀 한 톨까지 빼앗으려 안달한다. 재벌기업이 골목상권까지 모조리 휩쓸 어 사회문제로까지 부각되어 결국은 나라에서 나서게까지 되었다. 이런 세태에 우리는 운조루 정신을 되새겨봄직하다.

굴뚝뿐만이 아니다. 운조루에는 아주 희귀한 쌀뒤주가 있는 데 "他人能 解(타인능해)"라는 글씨가 쓰여 있는 뒤주가 그것이다. 이 뒤주는 말 그 대로 양식이 떨어진 이들을 위한 것으로 누구든 쌀을 퍼가라고 조그마한 쌀 구멍이 뒤주에 뚫려있다. 이것은 섬돌 밑의 굴뚝과 함께 운조루 종가 의 "나눔정신", "더불어 사는 정신"을 잘 나타내는 상징물인 것이다.

"他人能解(타인능해)"란 글씨가 쓰인 뒤주

집안 대대로 며느리들이 잊지 않고 해야 할 일은 매달 그믐날에 쌀 2가마니 반이 들어가는 이 뒤주를 채우는 일이었다. 쌀이 없어 굶어야 하는 이웃을 위한 배려이다. 특히 가을걷이가 끝나 거둬들인 쌀의 20% 정도는 남을 위해 내놓았는데 이것은 일제강점기 소출의 대부분을 공출해갈 때까지 이어졌다.

타인능해 쌀뒤주는 쌀을 퍼가는 이들이 주인과 마주치지 않도록 안채가 아닌 사랑채의 헛간에 두었다. 섬세한 배려의 마음이다. 동학혁명, 여순사건, 한국전쟁 등 근현대사의 큰 사건들을 겪어오면서도 이 집이 온전할 수 있었던 것은 이처럼 아름다운 "더불어 사는" 정신을 실천했기 때문일 것이다.

중요민속자료 제8호(1968.11.25 지정) 운조루(雲鳥樓)를 찾아간 것은 봄빛이 완연한 날이었다. 9대 종부 이길순(81살) 할머니는 수더분한 옷차림으로 맞이해 주었지만 자태만은 매우 고왔다. 운조루 대문 앞에 졸졸졸 흐르는 개울물에 앉아 양말이며 방걸레를 빨고 있던 할머니는 빨래를 하다말고 젖은 손을 닦으며 나를 반갑게 맞이한다.

안방마님으로 한세상을 편하게 사셨다면 무척 고왔을 자태였다. 그러나 어쩔 수 없는 생활인이 되어 드문드문 찾아드는 방문객들이 내는 1천 원짜리 입장료 돈 몇 장을 만지작거리면서 일상복 차림으로 운조루 대문에

서 삭인 고추며, 봄나물을 파는 모습이 구례장터에서 흔히 만나는 이웃
집 할머니를 떠올리게 했다.

안방마님으로 한세상을 사셨다면 무척 고왔을 운조루 종부 이길순 할머니

한국전쟁 무렵 스무 살 꽃다운 나이에 시집온 종부는 60년간 운조루의
흥망을 몸소 겪었다. 아들 셋과 딸 둘을 둔 이길순 종부는 이십여 년 전
2살 터울인 남편을 여의고 81살의 노구로 운조루를 그렇게 지키고 있었
다.

나는 안타까워 물었다.
"할머니, 입장료를 좀 많이 받지 겨우 천 원만 받나요?"

"뭐 볼게 있냐면서 이것도 비싸다고 하는데 뭘."

그런 종부의 말은 취재 내내 느낄 수 있었다. 흘깃 대문 안을 넘겨다보곤 "가자! 별것 없다."라며 뒤돌아서는 사람이 있는가 하면 그나마 대문 안에 들어서 여기저기 핀 꽃들을 사진기에 담다가 시큰둥하게 대문을 나서는 모습의 관람객들이 자주 눈에 띄었다. 종가의 삶과 철학을 배울 요량이면 몰라도 그저 관광이 목적이라면 적어도 운조루는 올 일이 아니다.

"옛날에는 우물도 없어 도랑물로 밥을 해먹었어."라며 종부는 조근조근 얘기해준다.

담담히 얘기하지만 속내는 한이 담긴 듯 했다. 더더구나 몸이 안 좋은 큰아들 때문에 종부는 내내 속이 타는 모양이었다. 시집 온 이후 먹고살기 힘들어 쌀뒤주를 채우지 못했다고 하면서 마치 그것이 자신의 잘못인양 얼굴엔 그늘이 드리웠다.

"운조루는 중요민속자료인데 정부나 구례군에서 지원이 없나요?"
"몰라요. 아무런 얘기가 없으니. 그저 집수리만 해주던데……."

요즘 한옥민박이 유행하고 있지만 운조루는 화장실이나 주방시설이 미비해서 가능하지 않을 것이라는 생각이 들었다. 큰아들 종손은 건강이 좋지 않아 집안을 돌볼 형편이 아니었고 종부는 이제 나이가 들어 운조루를 그저 지켜볼 수밖에 없어서 둘째와 막내아들을 불러 들였다고 했다.

이제 농사도 어려운데다 1천 원의 입장료는 별반 도움이 되지 않고, 그렇다고 나물 몇 가지 팔아봤자 손에 쥐는 게 별로 없을 터, 종부는 손수 담근 된장과 간장을 팔고 있었다. 마침 안채 마당에 서서 장독을 기웃거리던 한 손님이 된장을 파느냐고 하니까 투명한 플라스틱 용기에 꾹꾹 눌러 담는 모습이 운조루 종부임을 여실히 보여주었다.

종부는 된장을 사겠다는 관람객에게 꾹꾹 눌러 담아 된장을 퍼준다.

"아니 그렇게 꼭꼭 눌러 담아주시면 뭐 남는 게 있겠어요?" 라고 물으니
"내가 만든 된장을 좋다고 달라는데 고맙잖아. 그릇에 담을 만큼은 주는
게 도리지."
듣고 보니 운조루 종부다운 얘기였다.

원래 이곳 구례군 토지면 오미리 운조루가 자리한 터는 일제강점기 무라
야마 지준이 쓴 ≪조선의 풍수≫ 라는 책에 소개될 정도로 널리 알려진
명당이었다. 풍수지리상으로 볼 때 이곳은 금구몰니(金龜沒泥), 금환락
지(金環落地), 오보교취(五寶交聚)의 명당이라고 한다. 금 거북이가 진흙
속으로 들어가는 모양새라는 금구몰니(金龜沒泥), 노고단의 옥녀가 형제
봉에서 놀다가 금가락지를 떨어뜨렸다는 금환락지(金環落地), 아래쪽에
다섯 가지 보석이 모여있다는 오보교취(五寶交聚)이다.

창건 당시의 이 집터에 대해 전해지는 말에 따르면 '세상 모든 사람들이
이 집터를 명당이라고 했으나 바위가 험하고 주변이 척박해서 그 누구도
집터로 생각하지 못하는 것을 이 집을 지은 류이주가 알아보고 이 땅에
집을 짓게 되었다.'고 전하고 있다.

류이주는 본래 대구 사람인데 이 금환락지의 명당에 매료되어 은퇴하면
이곳에 대대로 살 터전을 만들 것을 작정하고 그때부터 운조루를 지었고
7년이라는 긴 세월에 걸쳐 마무리를 했다. 집을 짓는 동안 류이주가 함흥

성 오위장으로 발령이 났는데 공사를 마무리하고자 축지법을 써서 하룻밤 사이에 천리길을 오가며 작업을 독려했다는 전설이 전해진다.

운조루 앞에는 아담하고 아름다운 연못이 있다.

이후 이곳에는 명당을 찾으려 많은 사람이 몰려들었고, 조선총독부가 호구조사를 한 것에 따르면 1918년 70 집에 350명이었던 마을 사람이 4년 뒤 148 집에 무려 744명으로 불어났다. 또 일제가 패망하고 광복이 될 때는 300여 집이 들어섰었는데 이제 남아 있는 집이 별로 없을 정도가 되었다고 한다. 집의 명당을 말하는 양택은 거의가 당대에 끝나는데 그를 보완하려면 끝없는 나눔의 삶이 이루어져야 함을 그들은 지나쳤던 모양이다.

행랑채가 학의 날개처럼 좌우로 좌악 펼쳐진 집. "구름(雲)은 무심히 산 골짜기에 피어오르고(無心以出岫) 새(鳥)들은 날기에 지쳐 둥우리로 돌아오네(倦飛而知還)"라는 도연명(陶淵明)이 지은 시 귀거래혜사(歸去來兮辭)에서 따왔다는 당호 "운조루". 우리는 이곳에서 어떠한 삶이 진정 가치가 있는 것인지 잘 알 수 있다.

특히 운조루는 사랑채에 남아있는 상량묵서에 영조 52년(1776년)에 집을 지었다는 기록이 남아 있고, 운조루가 지어질 당시의 모습이 그려진 "전라구례오미동가도(全羅求禮五美洞家圖)"가 있으며, 운조루의 5대 주인이었던 류제양(1846~1922)의 일기 "시언(是言)" 등 그림이나 문헌 기록이 잘 남아 있는 호남의 몇 안 되는 18세기 이전의 소중한 문화유산이다.

운조루 안을 천천히 둘러보다가 안채 마당에서 특이한 민속 생활도구를 하나 발견했다. 바로 맷돌인데 맷돌은 중부지방의 것과 남부지방의 것이 다르다. 중부지방은 위쪽 맷돌과 아래쪽 맷돌의 크기가 같아 맷돌 아래에 매함지나 매판을 깔고 쓰도록 되어 있지만 남부지방은 아래 맷돌이 더 커서 굳이 아래쪽에 매함지나 매판을 쓸 필요가 없다.

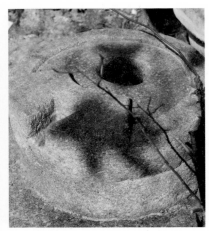

운조루에는 남부지방의 맷돌(왼쪽)과 중부지방의 맷돌이 함께 있다.

그런데 이곳 마당에는 두 가지 맷돌이 다 있었다. 집안의 규모로 보아 두 개가 필요했는지도 모른다. 아니면 다른 지방에서 온 하인들을 위한 배려였을까? 어쨌든 서로 다른 지방의 민속품을 한 자리서 볼 수 있는 행운까지 얻었다.

전통한옥을 연구하는 이들의 말을 들으면 운조루는 "ㅁ"자 모양의 본채에 사랑채가 서쪽과 남쪽 방향으로 곁달린 경북 북부지방에 많이 보이는 형태라 한다. 하지만 나는 그런 건축학적 구조 보다는 처마 끝에 달린 풍경 하나가 눈에 들어온다. 이집에서 대대로 살았던 이들도 풍경소리를 들으면서 마음을 닦았음직하다.

집안 곳곳에는 매화, 산수유, 명자꽃, 살구꽃이 고루 피어 있다. 온통 퍼지는 향내가 이 꽃들의 잔치인지 아니면 운조루 사람들의 내면의 향기인지 도통 분간할 수가 없다. 돌아 나오면서 지리산에서 발원된 물이 모였다는 연못의 정취를 느껴본다. 하지만 연꽃이 보이지 않아 조금은 아쉬운 마음이다.

이곳 운조루에서 하룻밤을 청할 수 있다면 도시 삶 속에서 켜켜이 쌓인 마음의 때를 씻어내고 이웃을 되돌아볼 수 있는 여유도 얻어갈 수도 있으련만 아직 민박을 할 여건이 못 된다니 아쉬운 마음뿐이다. 그저 운조루 뒷켠 대숲 바람소리만 귀담아 들어본다. 그리고 죄송스럽게도 운조루 종부 할머니의 따뜻한 마음만 잠시 훔쳐갈 뿐이다.

"더불어 산다."는 것은 이렇게 사람의 마음을 편하게 할 수 있음인가? "운조루" 그대 있음에 나는 행복하였네라.

가뭄 때 200석 내놓고, 50석은 종자로
나주 남파 박재규 종가

03

가뭄 때 200석 내놓고, 50석은 종자로

나주 남파 박재규 종가

나주로 발길을 돌리기 이틀 전 남파고택 종손 박경중 선생에게서 전화가 걸려 왔다. " '나눔의 삶'에 대한 글을 쓰신다고 하셨지요? 저희 집안에선 그리 대단한 나눔을 실천한 것도 아닌데 멀리서 오셔서 실망하시면 어쩌지요?"

강릉 선교장 이강백 관장(한국고택협회 회장)의 추천을 받고 찾아뵙기를 청하자 종손은 선뜻 그렇게 말했다. 얼마 전까지만 해도 현 종손의 이름을 따 박경중가옥이라 불리던 이곳은 최근 이 집을 지은이의 호를 따서 "남파고택"으로 이름이 바뀌었다.

남파고택과 뜰

영암군 금정면에 세운 휼민비 구휼 입증
소작인에게 송아지를 줘 기르게 해

"저희 집안이 그래도 넉넉했을 때는 고조인 박(朴) 자, 재(在) 자, 규(珪) 자 할아버지 시절이었습니다. 할아버지는 군수를 지내셨는데 농사규모는 3~400석 규모였지요. 그러나 1860년 무렵 큰 부자라 하면 천석 정도는 되어야 큰 부자로 쳤으니까 할아버지는 그리 큰 부자는 아니었습니다."

그렇게 큰 부자가 아니었음에도 박재규 선생은 1903년 심한 가뭄이 들어 굶는 사람이 급증하자 가난한 사람들을 위해 벼 200석을 내놓고, 씨앗용으로 50석을 내놓았으며, 100석을 시가보다 싸게 시장에 풀어 곡물유통에 도움을 주었다. 이는 나주군수 서리이자 담양군수 조한용이 그의 행적을 관찰사에게 보낸 보고서와 금마면 사람들이 이듬해 세운 휼민비에 기록이 되어 있다.

가난한 이를 구제한 박재규 선생

박재규 선생이 가난한 이들을 구제한 것을 기려 1904년에 세운 휼민비

물론 중간에 시기질투 하는 사람이 있어 사실과 다르다고 올리는 바람에 관찰사가 다시 면밀히 조사한 뒤 사실과 맞다는 결정이 내려졌다고 한다. 어느 시대건 좋은 일 하는 데 시비 거는 사람이 반드시 있게 마련으로 박재규 선생의 구휼은 그래서 더욱 확실하게 알려졌다.

그런가 하면 남파 박재규(南派 朴在珪 : 1857~1931)선생은 소작인들에게 소를 나눠주고 기르게 했다. 어려운 농민들에게 그냥 베푸는 것이 아니라 부지런히 소를 먹이고 송아지를 낳게 해서 자립심을 기르도록 했던 것이다. 한때 많을 때는 180여 마리의 소를 어려운 집안에 나눠주었다는 기록이 있다. 진주 박헌경 선생이 용호정과 연못을 만들어 마을 사람들에게 일자리를 제공하고 품삯을 준 것과 같은 맥락이다.

박준삼 선생의 교육운동

박재규 선생의 손자이며, 현 종손의 할아버지 박준삼 선생은 해방 직전 1945년 나주에서 소주공장을 하던 부자 이창수 씨와 함께 중학교 과정의 민립(民立) 중학교를 세웠는데 현재의 나주중학교 전신이다. 그뿐만 아니라 1960년에 청운야간중학교도 설립했다. 가난해서 공부를 할 수 없는 청소년들에게 무료로 공부할 수 있는 기회를 준 것이다.

처음엔 나주초등학교 교실을 한 칸 빌어서 시작했다. 그러다가 1963년 나주한별고등공민학교로 정식 인가를 받았다. 교훈은 "나라를 사랑하고 이웃을 돕자"였다. 이후 1980년까지 20년 동안 2천여 명의 졸업생을 냈다고 한다. 또 선생은 공부하고 싶어 하는 사람이면 누구나 돈을 대주면서 학문의 꿈을 이루게 했다.

교육사업을 한 박준삼 선생

박준삼 선생은 더 큰 야망을 품고 제대로 된 학교를 지으려고 3천 평의 땅을 사들였다. 하지만, 선생이 1976년 세상을 뜨는 바람에 교육운동은 지속되지 못했다. 선생의 사후 오래 가지 못하고 문을 닫았으니 아쉬운 대목이다. 박경중 종손은 말한다. "할아버지께서는 학교를 세우는 것이 평생 소원이셨습니다. 우리 겨레가 공부를 해야 만이 당당한 나라가 될 수 있다고 생각하신 것이지요. 하지만, 증조할아버지가 보증을 잘못 선 탓과 항일운동에 재산을 쓴 결과 재산이 줄어드는 바람에 학교를 세울 수가 없어 내내 안타까워 하셨습니다."

남파고택은 독립운동의 산실

광주학생운동의 발단은 나주역에서 일본 남학생들이 조선여학생의 머리를 잡고 희롱한 사건에서 비롯되었다. 그런데 놀라운 것은 사건 당시 일본학생에게 머리를 잡혔던 여학생과 일본학생들을 혼내준 남학생들이 모두 남파고택 집안사람들이라는 점이다. 이들은 모두 퇴학은 물론 8개월에서 1년의 옥고를 치러야 했다. 이 시위와 관련해서 박준채와 박공근은 건국훈장 애족장, 박동희는 건국포장을 받았다.

물론 이전 남파고택 사람들은 의병투쟁은 물론 항일투쟁에도 앞장섰다. 대한제국 말기 항일투쟁을 한 남파고택 집안의 박인수 의병대장은 건국훈장 애족장, 박사화는 건국훈장 독립장을 받은 것만 봐도 이 집안사람들의 나라사랑 정신을 읽을 수 있다.

박경중 종손은 박재규 고조할아버지가 장흥군수를 할 당시 의병이 크게 일어났는데 의병을 잡아들이자 박재규 군수가 놓아주었다고 증언한다. 또 박준삼 선생은 일제강점기 동안 불이익을 감수하면서까지 창씨개명을 거부하고 재판사건이 있어도 일본 판사에게 재판받지 않겠다면서 포기했을 정도이다. 이와 같이 나주지방의 항일독립운동 뒤에는 언제나 박준삼 선생이 버팀목으로 든든하게 있어 주었던 것이다.

박준삼의 뜨거운 한글 사랑

"단군 기원 4,306년 세차 계축 8월 병신삭 10표일 경술 후손 준삼은 선조 여러 어른 신위 전에 삼가 고하나이다. 오곡이 무르익은 중추절을 맞이하여 여러 선조님의 높은 은덕이 새삼 느껴지며, 추로의 정이 간절합니다. 이에 간소한 제수를 드리오니 강림하시와 흠향 하시옵소서" 이는 당시로는 매우 드물게 한가위 차례 때 박준삼 선생이 올린 한글 제문이다. 그뿐만 아니다.

"이 길한 날을 가려 6대 이래 종손인 경중이가 진주 후인 강대홍 씨의 장녀 정숙이와 혼례를 거행하였음을 삼가 신령님 전에 감히 고하나이다. 여러 가지로 살펴보아 우리 가정 종부로서 적합하게 생각하였슴으로 양가의 충분한 양해 아래 이 의식이 이루어젓아오니 항시 보살펴 주시사 험난한 세파를 헤엄쳐 가는데 큰 지장이 없이 영원무궁토록 앞길을 열어 주시기를 우러러 빌고 바라옵니다. 갑인 四월 一八일 불효손 준삼 아룀"

박준삼 선생이 손자 박경중의 혼례 때 쓴 한글 고축문

박준삼 선생은 한글을 사랑한 분으로도 유명한데 위 고축문은 손자 박경중의 혼례 때 한글로 쓴 것이다. 선생은 고축과 훈계는 물론 이력서도 한글로 쓰고, 나주초등학교 교가 노랫말도 한글로 지었으며 한글학회 회원이면서 최현배 선생, 정인승 선생 등과도 친밀하게 지냈다. 한문 백일장에서 장원을 할 만큼 한문에도 해박했고, 일본 릿교대학에서 영문학을 공부하여 영어에 능통했지만 한글 사랑은 철저했다. 박경중 종손은 할아버지께서 축문을 모두 한글로 써주셔서 후손들이 제사를 지낼 때 참 편하다고 고백했다.

중요민속자료 제263호 남파고택, 호남지방 생활문화 연구 산실

남파고택(南坡古宅)은 조선시대 후기인 1884년 남파 박재규 선생이 지었는데 49.5평의 크기로 당시 전남지방의 단일 건물로는 가장 큰 집이다. 이 집은 관아건물을 본으로 하여 지은 집으로 남도지방 상류주택의 구조가 비교적 잘 나타나 있다. 특히 집안에 보존하고 있는 각종 조선시대 살림살이, 공예품 등이 시대별로 잘 갖춰 있어 호남지방의 생활문화 연구에 큰 자료가 된다는 평가이다.

어디서도 보지 못했던 민속자료들을 둘러보면서 나의 눈은 호강에 겨웠다. 우선 얼마 전 국립전주박물관에서 보았던 나주반 십여 점을 한꺼번에 볼 수 있어 눈이 휘둥그레졌다. 처마 아래에는 비가 50mm 정도 왔을 때에야 가득 차는 큰 물확이 하나 놓여있다. 이는 집안에 20대 과부가 연이어 둘이나 생기자 센 기운을 눌러야 한다 해서 2km 떨어진 금성산에서 가져와 비보(裨補)를 한 것이다. 이후 비보의 덕(?)인지 증조는 9남매를 낳았다고 종손은 말한다.

그런데 더욱 눈길을 끄는 것은 태극기였다. "제가 생각하기로 이 태극기는 1908~9년의 항일의병 때 만들어진 것으로 봅니다. 그리고는 광주학생시위 직후인 1929년 11월 27일 나주학생만세시위 때 쓰인 것입니다. 이후 해방 때까지는 꽁꽁 숨겨놓았다가 해방과 함께 다시 빛을 보았지요."라고 종손은 증언한다.

1908년 무렵에 그려진 태극기, 광주학생시위 때도 쓰였다.

남파고택의 굴뚝은 가난한 이들이 밥 짓는 연기를 볼 수 없게 낮게 냈다.

이집 역시 굴뚝은 가난한 이들이 밥 짓는 연기를 볼 수 없게 낮게 설치되어 있다. 나눔을 실천했던 종가들의 한결같은 구조이다. 특이하게도 남파고택에는 "편안한 방"이라 부르는 초가가 한 채 있다. 박준삼 선생은 마음이 우울한 때면 이곳에 거처하면서 마음을 다스렸다고 한다. 종손의 증조할아버지 박정업 선생은 아버지가 위독해지자 손가락을 잘라 수혈할 정도로 효자였다고 한다. 효도는 나눔의 또 다른 모습일 것이다.

남파고택은 일반인을 대상으로 고택체험을 한다. "홍보는 하지 않습니다. 그저 입소문에 의해 오는 사람들이 있어서 한옥 체험을 하도록 합니다. 하지만 숙박비는 없습니다. 그저 본인이 원하는 대로 내고 가면 됩니다. 그리고 아침은 저희 식구들이 먹는 밥 그대로 함께 먹을 수 있도록 합니다. 다만, 옛날식대로 체험하고 싶은 사람만 받습니다. 초가에는 전깃불도 없는데 그것이 좋다는 사람만 가능합니다."라고 소개한다. 박준삼 선생이 마음을 다스리려 머물렀다는 초가에서 하룻밤을 잘 수 있다면 선생의 심오한 철학을 깨달을 수 있을 것만 같았다.

박준삼 선생이 마음 우울한 때면 거처했다는 "편안한 방"이라 부르는 초가

남파 박재규 종가 종손 박경중 선생

이런저런 이야기를 나누고 있는 가운데 종손은 지난 가을에 딴 얼린 홍시라면서 빨갛게 익은 먹음직스런 홍시를 한 접시 내놓으면서 먹어보라고 권한다. 대담을 나누던 대청마루 한켠에는 박물관에서나 구경할 수 있는 낡은 선풍기 한 대가 놓여있었는데 종손의 소박함이 윗대부터 자연스럽게 내림하고 있음이 느껴졌다. 거기에 겸손한 인품까지 겸비한 종손과의 만남은 선조 어르신의 나눔과 베풂 정신을 보는 듯해 남파고택을 떠나 온 뒤에도 오랫동안 가슴에 여운처럼 남았다.

부엌 한 편에는 늘 정화수 한 그릇을 올려놓고 있다.

극심한 기근에 사재 털어 취로사업
진주 용호정원 박헌경 종가

04

극심한 기근에 사재 털어 취로사업

진주 용호정원 박헌경 종가

종가

"공의 높은 덕은 자비와 사랑으로 공평하고 균등했네

힘을 다하시어 조상을 위하는 일에 최선을 다했고

황금을 덜어내 가난을 구휼했네

흉년 배고픈 시절에 고달픈 사람들을 구제하여 백성을 편케 했네

바다와 같은 은혜요 산과 같은 자비심이네

집집마다 기리는 소리 넘치고 사람마다 입을 모아 이 비를 만들었네

온 마을이 정성과 감격으로 돌을 세워 이웃으로 만들었네"

이는 진주 박헌경(朴憲慶 : 1872~1937) 선생 송덕비에 적힌 글이다. 경남 진주시 명석면 용산리에 가면 용호정(龍湖亭)이란 정자와 연못 그리

고 한국식 정원인 용호정원(龍湖亭園)이 있다. 정원으로 들어가는 들머리(입구)에는 크고 작은 송덕비 7개가 나란히 정원을 찾는 이를 반갑게 맞이한다. 이 송덕비는 포악한 지방 수령의 눈치를 보다가 마지못해 세운 것이 아니라 박헌경 선생의 은덕을 입은 사람들이 그 공덕을 높이 사스스로 세운 것이다.

용호정원(龍湖亭園) 들머리에 있는 박헌경(朴憲慶) 선생을 기린 7개의 송덕비

그곳에는 지금 박헌경 공(公)의 후손인 박우희(朴雨喜, 78살) 선생이 살고 있다. 선생을 만나러 가는 길은 자못 발걸음이 가벼웠다. 그것은 나눔을 실천하여 크게 칭송을 받는 분의 흔적을 찾아가기에 그런 것이다. 진주고속버스터미널까지 마중 나온 선생은 시골 할아버지처럼 자상하면서도 격조가 있어보였다. 손수 운전하여 반갑게 집으로 안내하는 차안에서 선생은 나긋나긋한 목소리로 매우 겸손하게 선조의 이야기를 조금씩 풀어 놓았다.

이야기를 들으며 가서 그런지 어느새 큰길에서 용산리로 들어섰고 바로 왼쪽에 용호정이 보인다. "용호정원은 박헌경 어르신이 자신의 즐거움을 위한 개인공간이 아니라는 이야기를 들었습니다. 대부분 부잣집 정원은 자신의 한가함과 여유를 즐기기 위해 만든 것인데 이곳 용호정원의 경우는 정원자체가 만인의 것이라고 들었습니다. 그건 무슨 뜻인가요?" 나의 물음에 선생은 차근차근히 대답해나갔다.

"할아버지께서 용호정원을 지으신 목적부터가 분명합니다. 당시 거듭되는 재해로 기근이 겹치자 재민구제를 위해 600여 평 연못과 중국 쓰촨성(四川城) 동쪽에 있는 무산(巫山) 수봉(秀奉)을 본떠 12무봉을 만든 것입니다. 그때 12개의 봉우리를 만드는데 흙을 퍼 날라온 사람들에게 돈이나 식량을 주었습니다. 나라가 해야 할 취로사업을 할아버지가 하신 것이지요. 요즘으로 말하자면 일자리 창출 사업입니다."

박헌경 선생이 이재민 구호를 위해 사재를 털어 취로사업을 한 용호정원

1929년 큰비가 쏟아져 개천 제방이 무너지고 그로 말미암아 용산리 40
여 집 가운데 절반이 넘는 24채가 물에 떠내려가고, 4명이 물에 빠져 죽
었던 참상이 일어났었다. 그렇다고 누가 쉽게 주민들을 구호할 생각을
할 것인가? 더군다나 1929년이라면 일제강점기가 아니던가! 흔히 정원
이라하면 호사가들의 전유물 같이 느껴지는데 용호정원은 출발부터가 다
르다.

정원 공사 자체를 마을사람들에게 일자리를 제공하기 위한 계획이었다니
박헌경 선생의 나눔정신이 대단하다. 얻어먹는 사람의 처지에서도 공짜

로 넙죽넙죽 얻어먹기 보다는 스스로 흙을 져 나르는 등 노동의 대가로 쌀을 받는 게 당당할 것이다. 선생은 이웃을 돕되 신명나게 일해서 얻는 수입의 기쁨을 알게 하고 싶었던 것이다.

용호정원 공사 이전인 1920년에도 박헌경 공은 마을 동쪽 산기슭에 취로사업을 구실 삼아 용산사라는 절도 지었다고 박우희 선생은 귀띔한다.

박헌경 공은 정원을 만들면서 "만인의 정원"이라고 이름 붙였다. 취로사업으로 가난구휼을 하고도 모자라 누구나 즐길 수 있는 정원임을 분명히 한 것이다. 정원을 담장 안에 들여 놓은 것이 아니라 담장 밖 마을 어귀에 지은 것만 봐도 혼자 호사를 떨기위해 지은 것이 아님을 알 수 있다.

그뿐만이 아니다. 공은 소작인들에게서 받은 토지세를 돌려주고, 돈을 빌려준 채권장부를 과감하게 태워버린 일까지 있었다. 당시 소작인들은 가을걷이가 끝나면 한 해 소작료와 지난봄에 빌린 장리쌀의 이자를 지주에게 갚아야만 했다.

하지만, 원금과 이자를 갚고 나면 남는 것은 한 바가지의 누런 벼뿐이었다고 했다. 당장 끼니를 이을 수가 없기에 소작농들은 타지로 야반도주를 하는 사람이 수도 없었고, 결국 소작농들은 토지세 거부운동까지 벌였다. 그래도 지주들은 요지부동이었음은 물론 농토까지 빼앗기 일쑤였다고 한다. 이때 박헌경 공은 농지세를 돌려줌은 물론 채권장부를 과감하게 태워버린 것이다.

박헌경 공이 소작농에게 농지세를 돌려주었다는 동아일보 1923년 5월 7일치 기사

박헌경 공의 나눔 정신은 어렸을 때부터 보고자란 덕이 크다. 박헌경의 할머니였던 인동 장씨는 1910년 무렵 주변 사람들이 춘궁기에 끼니를 잇지 못하자 봄, 가을 마을의 100여 집에 쌀 한 되씩 나누어 주었다. 지금으로 치면 아무것도 아닐지 몰라도 당시로는 끼니를 잇지 못하는 사람들에겐 엄청난 베풂이었다.

이 집 문중 가운데는 나눔을 다른 방법으로 실천한 사람이 있다. 바로 박헌경 공의 사촌 동생 박진환이 그분인데 3·1만세운동 당시 독립만세운동을 펼치고, 3년의 옥고를 치렀으며, 신간회 청년 간사로 활동했다. 이

에 진주보훈지청은 1994년 6월 박진환 선생을 이달의 독립운동가로 선정하여 기렸다. 나눔은 가난한 이들만을 대상으로 하지 않는다. 경주 최부잣집이 나눔과 함께 독립자금을 댄 것과 같은 맥락인 것이다.

그럼 박헌경 공의 뿌리는 어떻게 될까? 박우희 선생은 파조(派祖)에 대해 먼저 힘주어 강조한다. "충정공파 파조 충정공(忠貞公) 할아버지는 절신(節臣, 충절을 지킨 신하)입니다." 조선시대 파조(派祖)인 청제(淸齋) 박심문(朴審問 : 1408~1456) 선생은 사육신과 단종의 복위를 꾀했던 사람이다.

박심문 선생은 세조 2년(1456)에 중국 사신인 질정관(質正官)으로 차출되어 여러 번 사양 끝에 떠나는 바람에 성삼문 등과 함께 단종복위에 합류하지 못하게 되었다. 그리고는 사신의 소임을 마치고 돌아오는 길에 의주(義州)에서 성삼문, 하위지 등 사육신(死六臣)의 처형소식을 듣고는 한양으로 들어오지 않고 그 자리에서 자결하였다.

그때 박심문은 좌우를 물리치고 심복(心腹)에게 말하기를 "내가 육신(六臣)들과 더불어 죽기를 맹약한 일이 있었다. 이제 그들이 모두 참형되었는데 내 어찌 차마 혼자만 살 수 있으며 산다하면 장차 무슨 면목으로 지하에 가서 선대왕(세종과 문종)을 뵐 수 있겠는가? 내가 오늘 이미 죽기로 결심하였으니 육신(六臣)과 함께 할 것이다. 아이들에게 보내는 봉서

(封書)에도 썼거니와 어린 임금(단종)께 받았던 예조정랑(禮曹正郞) 관직만 묘비에 쓰게 하라" 하고 준비한 독약을 마시고 목숨을 끊으니 그의 나이 49살이었다.

선생의 음독자결 소식은 3일 뒤 한양에 있는 부인과 가족들에게 알려졌는데 선생의 부음을 받은 3일 뒤에 부인인 청주 한 씨 역시 46살의 나이로 목숨을 끊었다. 선생의 주검은 의주로부터 선산이 있는 고양 원당리 포도골로 옮겨져 장사지냈다.

그 뒤 300여 년 동안 박심문 선생의 의로운 죽음은 묻혀있었다. 그러다 단종의 매형인 헌민공의 꼼꼼한 기록에 의해서 이 사실은 밝혀졌는데 순조임금은 4칠신 (4七臣)이라 해야 한다고 하면서 선생에게 가선대부이조참판을 추증했다. 그리고 1828년 영월 창절사(彰節祠)에 위패를 모셨으며 1871년에는 고종 황제가 충정공(忠貞公) 시호를 내렸다. 뿐만 아니라 이후 공주 숙모전, 진안 이산묘, 대전 숭절사 등 전국적으로 14군데의 사당에서 충정공 박심문 선생을 기리고 있는 것만 봐도 선생의 충절을 가늠 할 수 있을 것이다.

충과 효는 둘이 아니라고 하더니 박심문 선생은 16살 먹던 해에 아버지가 안변(安邊) 임지에서 갑작스레 세상을 뜨자 혼자서 고향으로 운구하여 예법에 맞게 장례를 치러 세종임금도 칭찬을 아끼지 않았다고 한다.

아버지를 잃고 홀어머니 밑에서 학문에 정진하여 약관의 나이에 대학자 반열에 올랐다. 그렇게 충과 효를 겸비한 파조(派祖)의 정신이 어쩌면 박헌경 공의 나눔정신을 이끌어 냈는지도 모른다.

용호정원을 지키고 있는 박헌경 공의 후손 박우희 선생

현재 용호정원을 지키고 있는 박우희 선생은 종손은 아니다. 박헌경 선생의 후손 가운데 박우희 선생이 유달리 종택과 용호정원을 사랑했고, 한문과 서예를 공부했기에 종택과 용호정원을 물려받게 된 것이다. 아침이면 용호정원으로 나가 잔디를 손수 깎으면서 배고프고 가난한 이웃을 돌보았던 할아버지 박헌경 공의 음덕을 기리고 있는 박우희 선생은 박헌경 할아버님의 베풂정신을 실천한 기록들을 빼곡하게 정리해두고 있었다.

"노리랑 노리랑 노라리오
노리목 고개로 넘어오소
용산사에서 종소리 나고 정화수천변에 너 기다린다
용호정지에 원앙새 雙雙 실버들 휘날려 님 생각이오
같은 마음 열두 봉우리(如意十二峰) 바위틈 기슭 꽃들만 피어서 가슴만 섧소
노리랑 노리랑 노라리오
노리목 고개로 넘어오소"

용호정원 한편에는 위와 같은 "노리랑가" 시비가 세워져 있다. 2008년 진주문화원에서 박헌경 공의 아드님인 청랑 박봉종 선생의 향토문화 창달과 보전에 힘쓴 공을 기려 시비를 세웠다. 겨레의 고난과 함께 했던 대표적인 아리랑을 일제는 저항의 노래라며 부르지 못하게 했는데 박우희 선생의 아버님께서 이에 가사를 바꿔 지은 것이 '노리랑가'이다.

박봉종 선생이 아리랑 가사를 바꿔 지은 노리랑가 시비

진주에서 진주대로로 산청을 향해 가다가 용호정원이 있는 용산리로 빠져 나가는 곳에 노리목이라는 고개가 있었다고 한다. 노리랑가는 어쩌면 서럽고 가난한 이들에게 노리목 고개로 와서 위로를 받으라는 마음이 담겨 있는 것이 아닐까? 그래서인지 노리랑가는 일제강점기에 나라 없는 설움과 고향 떠난 사랑하는 사람들을 그리워하는 노래로 주목 받고 있다.

조선시대의 박심문 파조(派祖)로부터 박헌경 공의 나눔의 삶은 이렇게 노리랑을 노래했던 박봉종 선생과 현재 용호정원을 지키고 보살피는 박우희 선생으로 대를 이어 내려오고 있다. 진주를 찾는 이들이여! 진주에 가거들랑 촉석루와 논개만 돌아볼 것이 아니라 용호정원에 들러 용호정원과 12무봉의 나눔 정신을 가슴 깊이 담아가지고 올 일이다.

용호정원의 박우희 선생은 이웃 할아버지 같이 친근하면서도 내면 깊숙이에는 철학이 있는 종가의 모습을 고스란히 간직한 분이었다. 나눔을 실천한 종가를 찾아다니면서 후손들의 따사로운 환대를 받을 때마다 나 스스로 나눔으로 채워가고 있음을 느낀다.

원래 재실이었던 곳을 종택이 무너진 뒤 대신 종택으로 쓰고 있다.

흉년에 구제받은 백성들, "선행 기려달라" 간청
영덕 만괴헌 신재수 종가

05

흉년에 구제받은 백성들, 나라에 "선행 기려달라" 간청

영덕 만괴헌 신재수 종가

경북 영덕군 창수면에 있는 마을 인량리는 앞에 넓은 평야를 내려다보는 곳에 자리하고 있는데 이곳에 "만괴헌"이라는 평산신씨 인량문중 종택이 있다. 이 종가는 고려왕조의 개국공신인 장절공(壯節公) 신숭겸(申崇謙) 장군의 후손들이 충효 사상의 맥을 이어오고 있는 곳이다. 만괴헌(晚槐軒)이란 이름은 1798년에 태어나 1855년 세상을 뜬 신재수(申在洙) 선생의 호다.

경북 영덕군 창수면의 만괴헌 종택

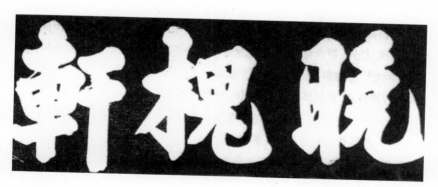

만괴헌 편액

두해의 흉년, 가난한 이들 구제에 4천 냥을 쓰다

1836(병신)과 1837(정유)년 두 해에 거듭된 흉년으로 온 나라가 기근에 허덕일 때 만괴헌 신재수 선생은 병신년 겨울부터 이듬해 정유년 봄까지 4번에 걸쳐 곳간을 활짝 열고 굶주리는 마을 사람들에게 쌀을 나누어 주었다. 당시 영해지방 관아에는 흉년에 대비한 식량 비축도 없었고, 경상 감영이나 나라의 지원도 기대할 수 없는 상황이었다.

만괴헌 선생이 고을 사람들에게 나눠준 구휼미는 당시 가치로도 무려 4천 냥에 이르렀다. 이에 굶어죽는 것을 모면한 사람들은 그 고마움을 알리기 위해 앞 다투어 부사와 관찰사에게 등장(等狀, 여러 사람이 이름을 잇대어 써서 관청에 올려 하소연하는 문서)과 의송(議訟, 조선시대 백성이 관찰사에게 올리던 민원서류) 등을 올려 선행을 기려달라고 간청하기에 이르렀다.

"저희들은 흉년을 당하여 밥 짓는 연기가 끊어진 지 오래고 아비와 자식이 서로 헤어지며 엎어진 주검이 잇닿아 이를 슬퍼하는 울음소리가 밤낮으로 끊이지 않으니 가없은 형상은 참혹해서 차마 볼 수가 없습니다. 본 마을에 사는 유학자 신재수가 특별히 의로운 마음을 발휘하여 죽는 사람을 구원하고 어려움에 빠진 사람들을 건지기 위해 네 번이나 식량을 나누어 주었는데 수량이 적지 않사옵고……."

특히 영해읍 다섯 마을 백성이 올린 의송은 간절함이 철철 넘쳤다. "어떤 이는 돈이 있고 곡식이 있어도 깊이 감추어두고 팔지 않기를 주로 하며 땅을 넓히고 재산을 불리기에 힘쓰나 우리 고을 선비 신재수 한 사람은 특별히 쌀과 벼 일백 다섯 섬과 돈 이백 냥을 내어 공적으로 고을 백성을 구조한 일이 관보 속에 자세히 있으니 이것은 한 고을 사람들에게 고른 혜택이 되었습니다.(가운데 줄임) 민심을 모아 임금께 보고 드려 이를 드러낼 수 있는 명령을 내리실 수 있도록 분부하여 주시기를 엎드려 비옵니다."

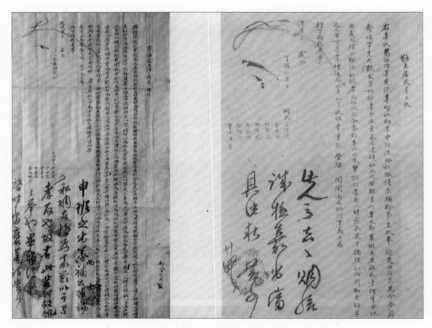

백성들이 신재수 선생의 의로움을 관에 청원한 "의송(議訟)과 등장(等狀)"

이런 등장(等狀)과 의송(議訟)은 쌀을 받은 백성은 물론 관청의 군노들까지 나서서 상주기를 요청할 정도였다. 이렇게 빗발치는 등장과 의송에 경상도 감영에서는 다음과 같은 제음(題音, 백성이 관부(官府)에 제출한 소장(訴狀)·청원서·진정서에 대하여 관부에서 써주는 처분(판결문·처결문)으로, 뎨김이라고도 한다.)을 내린다.

"관찰사 겸 순찰사가 상고한 일 곧 본부 읍내 면에 사는 주민들의 호소를 살펴보니 본동에 사는 유학 신재수가 남을 돕는 재물을 내어 네 번이나 굶는 사람들에게 양식을 제공하고 백미 30석을 내어 가난한 백성을 고루 먹여 전후로 들어간 재물이 사천 냥(1차 출연금만 계산한 금액이고 2차 출연분은 빠진 것.)을 훨씬 넘는다고 한다. 이처럼 선행을 좋아하는 사람을 묻어두는 것은 옳지 않으니 곧 조정에 보고하여 상을 논의하라고 호소하였다. 신재수가 백성을 고루 구호한 것을 들으니 지극히 가상하다. 이런 선행을 권장하고 격려하는 도리에 있어서는 그냥 둘 수가 없으나 소수 백성의 호소를 그대로 믿기 어려우므로 이에 관문(關文, 상급관아에서 하급관아로 하달하는 공문서)을 발송하는바 속히 그 사실을 자세히 알아본 뒤 백성을 구휼한 숫자를 자세히 책으로 만들어 보고하여 상을 논의하는 증거를 삼을 수 있도록 함이 마땅하다."

의송과 등장에 대한 경상감영의 관문(關文)

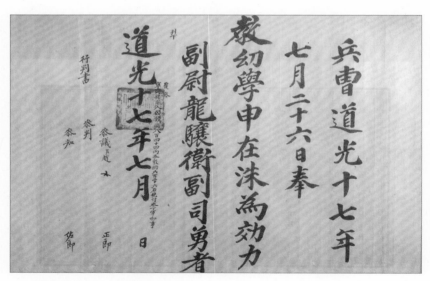

신재수 공에게 벼슬을 내린 교지

이렇게 백성이 등장과 의송을 올림에 따라 부사와 관찰사, 경상도 감영은 철저한 조사를 거쳐 조정에 보고하여 드디어 병조에서 교지가 내려졌다.

"전하의 명에 따라 유학 신재수에게 '효력부위용양위부사용(效力副尉龍驤衛副司勇, 동해안을 지키는 무관 직책)'이라는 벼슬을 내린다. 도광(道光, 청나라 선종의 연호) 17년(1837) 7월 일"

그뿐만이 아니다. 만괴헌 선생은 이때 영해향교의 태화루를 중수하는 경비를 조달했다. 영해향교는 고려 충목왕 2년(1346)에 대성전과 동서무를 지었고, 조선 중종 24년(1529)에 다시 명륜당과 태화루를 증설하는 등 오랜 역사와 전통을 지니고 있는 곳으로 건물이 낡아 중수할 경비가 필요했는데 이를 선뜻 희사한 것이다.

또 영해는 왜구의 잦은 침략으로 많은 피해를 당했던 곳이다. 그런데 이에 대한 방어시설이 많이 훼손되어 보수가 시급했다. 이에 선생은 읍성문을 보수하여 방어태세를 갖추는 일에 혼자 경비를 부담했다는 사실이 《영녕승람(盈寧勝覽)》과 《양로소완의(養老所完議)》에서 확인된다.

만괴헌 선생은 1838년 노인소(양로소) 별유사(책임자)를 맡았다. 하지만 병신·정유년에 걸친 흉년으로 노인소의 재원이 바닥나 더는 활동을 이어갈 수 없는 지경에 이르렀다. 이를 본 선생은 논 50마지기를 내놓아 운영을 정상화하였다. 또 재정적으로 어려워진 영해향교에 20냥, 단산서원(丹山書院, 경북 영덕군 창수면 인량리에 있었던 이색을 모신 서원)에 30냥을 내놓아 운영을 정상화시켰다.

의병활동과 3·1만세운동에 뛰어든 종가

고려초 신숭겸 장군의 충효사상을 이어받은 평산신씨 인량문중 종가는 대한제국 말기 다시 나라를 위한 싸움에 나섰다. 일본 세력이 갑오경장을 실시하고 단발령을 내린 것은 물론 국모 명성황후를 시해하는 만행을 저지르자 온 나라는 의병이 봉기하기 시작했다. 특히 영해지방에서는 명성황후 시해 다음해인 병신년(1896)에 신돌석, 이수악, 신운석, 박대춘, 김노헌 장군 등이 지휘하는 의병부대가 조직되었다. 이때 평산신씨 인량문중 종가의 33세 신의영(申義泳) 공은 54살 때 이수악 장군이 지휘하는 의병부대의 관재(管財), 그리고 관향(管餉)이라는 직책을 맡아 의병부대의 재정을 조달했다.

이후 신돌석 장군의 2차 의병이 일어났을 때 공은 이미 60살의 고령이 되어 의병에 직접 참여할 수 없음을 안타깝게 생각하고 대신 의병자금 조달에 적극적으로 가담하였다. 이때 일제의 눈을 피하기 위해 의병을 지원한 군자금을 만괴헌 증축비나 골동품 구입자금으로 위장했다고 한다.

국립대전현충원의 신상문 독립지사 무덤과 건국훈장

이런 신의영 공의 충의정신은 조카 34세 상문(相文) 공에게까지 이어진다. 3·1만세운동이 전국적으로 번지자 영해지방도 3월 18일 유례가 드물게 3천 명이라는 대규모 백성이 모여 독립만세를 외쳤다. 이때 공은 대열 맨 앞에 서서 군중을 이끌었다. 그뿐만이 아니라 주재소로 달려가 일본 경찰에게도 만세를 부르라고 위협하여 만세를 부르게 한 대담한 인물이었다. 또 앞장서서 곤봉과 돌멩이로 주재소 건물을 파손하고 경찰복을 모두 찢어버렸음은 물론 장총 4정과 87발의 실탄을 빼앗아 파기하였다.

그러나 일제는 곧바로 보복에 들어가 대구에 있는 보병 80연대에서 17명의 왜군이 출동하여 영해 주재 헌병과 합세 무차별 사격을 가함으로써 시위군중 8명이 현장에서 죽고 16명이 부상을 입었다. 또 모두 170명이 체포되었는데 이들은 심한 고문을 당해 평생 고통 속에서 살아야 했다. 정부에서는 신상문 독립지사의 독립운동 공훈을 기리어 1990년 건국훈장 애족장을 추서하고 주검을 대전국립묘지에 모셨다.

묘비에는 공의 방계 증손인 신귀현 선생이 지은 다음과 같은 글이 새겨져 있다. "왜적이 침탈한 조국의 자주독립. 호국의 정신으로 국권을 회복하려 기미년 3월 1일 영해읍 장터에서 힘차게 외치신 독립만세 그 함성을 묘비의 이 돌 속에 문자로 새기오니 소리 없는 메아리를 후대에 전파하여 민족의 애국심을 영원무궁 일깨우는 정의의 종소리로 온 세상을 울리소서!"

평산신씨의 시조는 고려 초 장절공(壯節公) 신숭겸(申崇謙, ?~927)이다. 927년 견훤이 고울부(高鬱府 : 지금의 경상북도 영천)를 습격하고, 신라를 공격해 경애왕(景哀王)을 죽인 다음 갖은 만행과 약탈을 하였다. 이 소식을 들은 태조는 크게 분개해 사신을 신라에 보내어 조문하는 동시에 친히 군사 5천을 거느리고 대구의 공산(公山) 동수(桐藪)에서 견훤을 맞아 싸웠다. 그러나 후백제군에게 포위되어 태조가 위급하게 되자 이때 공은 김낙(金樂) 등과 함께 싸워 태조를 구하고 전사했다.

정절공 신숭겸 영정

이때 공의 죽음을 상세히 적은《평산신씨 인량문중 세계사적(平山申氏 仁良門中 世系事蹟)》을 보면 태조와 얼굴이 닮은 장절공이 자청하여 태조로 위장했으니 견훤의 군사가 공을 태조로 여기고 공의 머리를 잘라

창에 꿰어 달아났다. 뒤에 태조가 주검을 찾아 나무로 머리를 만들게 하고 친히 제사를 지내며 통곡했다고 기록되었다. 공이 없었으면 고려도 없었음이 분명한 충절의 역사다.

평산신씨 인량문중 종가 현 종손 신귀현(申龜鉉) 선생을 만난 것은 2014 갑오년 새해 초였다. 선생은 종가의 종손으로서는 드물게 스위스에서 서양철학을 공부한 철학박사로 영남대학에서 후학을 양성한 뒤 지금은 명예교수로 있는 분이다. 서양학문에 뒤지지 않게 동양학에도 뛰어나 현재 퇴계학연구원 이사와 동양고전연구소 고문을 지내고 있으며 600쪽에 달하는 《평산신씨 인량문중 세계사적(平山申氏 仁良門中 世系事蹟)》을 직접 국역하여 펴내는 등 선조의 자취를 찾아 기록하는 일에 온 정성을 쏟고 있었다.

평산신씨 인량문중 종손 신귀현(申龜鉉) 선생

이러한 한학의 기초는 어렸을 때 학문이 높은 할아버지로부터 5년 동안 한문을 집중적으로 배웠던 것이 크게 작용한 것이다. 조상대대로 어려운 백성을 보살피고 나눔을 실천한 가문답게 선생은 대담 내내 온화한 인품으로 미소를 잃지 않았다. 자신의 재산을 아낌없이 털어 가난한 이를 구제하고 의병활동과 독립운동에 앞장섰던 종가! 삭막해져 가는 오늘날 사회에 큰 귀감이 되고 있는 평산신씨 인량문중 종손을 만나고 대구에서 올라오는 길은 추운 날씨였지만 마음이 더 없이 훈훈했다.

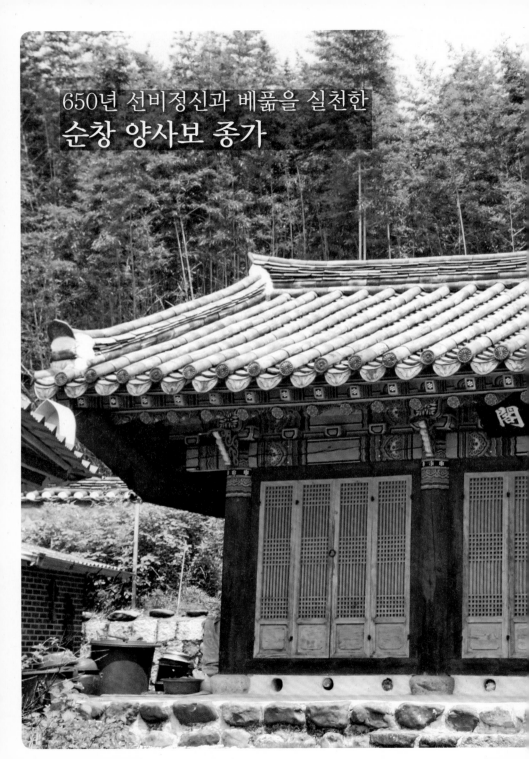

650년 선비정신과 베풂을 실천한
순창 양사보 종가

06

650년 선비정신과 베풂을 실천한

순창 양사보 종가

전북 순창의 동쪽 지역을 굽이쳐 흐르는 섬진강 줄기를 따라 동계면 구미리에 이르면, 고려 공민왕 4년(1355년) 무렵부터 이어져 온 650여 년 내력의 명문가 남원 양(楊) 씨 집안이 터를 잡고 있다. 이 집안은 대대로 욕심을 버리고 베풀며 살았던 아름다운 선비 정신의 산실로 알려졌다.

양씨 집안을 찾아가던 날은 제법 무더위가 위력을 떨치고 있었다. (사)옥천향토문화연구소(예전 순창은 옥천현이었다.) 양완욱 사무국장의 소개로 거북이마을 농촌체험학습 추진위원장인 양씨 가문의 29대 후손 양병완 선생을 회관으로 찾았다.

슬기전화(스마트폰)에서 판소리 춘향가 한 대목이 울려나왔던 양 선생은 환한 웃음으로 맞아준다. 양 선생은 얼마 전까지 중학교 교사로 근무했는데 전공과는 무관하게 판소리와 풍물을 좋아해서 학생들에게 이를 열심히 가르쳤다고 한다. 심지어는 독일에까지 학생들의 연주솜씨가 알려져 초청을 받았고, 교육청의 협조를 받아 독일 연주여행을 인솔했던 것이 교사시절 가운데 가장 보람 있었던 일이었다고 털어 놓는다. 판소리 한 대목을 거침없이 부르는 선생의 손말틀에서 괜히 판소리가 울린 것은 아니었다.

양사보 종택 대문

나누며 베풂을 실천한 양사보는 어떤 인물인가?

하마터면 절손(絶孫)될 뻔했던 남원 양(楊) 씨를 오늘날 명문(名門)으로 남게 한 사람은 개성 출신 이씨 부인이었다. 남원에는 양사보 집안의 남원 양씨(南原 楊氏)와는 전혀 뿌리가 다른 남원 양씨(南原 梁氏)가 있는데 양(楊)씨는 한자 속에 나무목(木)이 있다 하여 '목양(木楊)'이라고 부르며 또 다른 양(梁)씨는 한자 속에 물수(水=삼수변과 같음)가 있어 '물량(梁)'이라고 한다.

남원 양씨(南原 楊氏)의 시조 양경문(楊敬文) 공은 고려 때 지영월군사를 지냈다. 양씨는 9세손 양이시가 배출되면서 크게 번창하게 되는데 이씨 부인은 시아버지 양이시와 집현전 직제학으로 있던 남편 양수생을 한 해 사이에 모두 사별하는 불행을 당했다. 그러자 남편의 장례가 끝나자마자 친정에서는 임신한 그녀에게 개가를 권했다.

고려 때만 해도 남편을 사별한 여인은 얼마든지 재혼을 할 수가 있었을 때다. 이씨 부인은 아이를 낳고 나면 개가를 하겠다고 식구들을 안심시키고는 아이를 낳자마자 어린 유복자 양사보를 품에 안고 천리 길을 걸어 남편이 살았던 남원 옛집으로 향했다.

그런데 천신만고 끝에 도착한 남원이 왜구 때문에 살 수 없게 되자 일점

혈육 양사보를 품에 안고 남원을 떠나 순창으로 피난했다. 이렇게 자리 잡은 곳에서 이씨 부인은 밤낮으로 일을 하면서 양씨 집안의 11세손인 어린 아들 양사보를 훌륭하게 키웠고 양씨는 650여 년 동안 23대에 걸쳐 자손이 번성했다. 사마시에 합격한 양사보(楊思輔 : 1377~?)는 함평현감을 지냈으며 그의 후손 가운데 8명의 문과 급제, 10명의 무과 급제, 30명의 생원, 진사가 나왔다.

구미리 들머리에 1774년에 세워진 양사보 어머니 이씨 부인 정려비

이씨 부인이 자리 잡은 순창에는 이씨 부인과 관련된 전설이 전해 오는데 비홍치(飛鴻峙)가 그곳이다. 어린 양사보를 품에 안고 순창에 온 이씨 부인은 살만한 터를 잡기 위해 나무로 만든 기러기 세 마리를 날려 보

냈는데 그 가운데 한 마리가 동계면 구미리(龜尾里)로 날아갔다고 한다. 이씨 부인은 나무 기러기가 떨어진 집으로 갔다. 그러자 그곳에 있던 주인은 자기가 진짜 주인이 아니고 집주인이 올 때까지 집을 지키고 있는 사람이라고 하였다. 그러면서 "나는 집주인이 양 씨라는 것만 압니다. 바로 부인과 아드님이 집주인입니다."하고는 어디론가 홀연히 사라져 버렸다는 얘기가 전한다. 지금도 남원에서 순창으로 가는 24번 국도변에는 이씨 부인이 나무 기러기를 날렸다는 전설에서 비롯된 비홍치(飛鴻峙)가 있다.

양사보 이후 8세 후손인 양여균(楊汝筠)에 이르러 많은 재산을 쌓았다. 그런데 병자호란이 일어나자 양여균은 가솔 300명을 의병으로 거느리고 도성으로 출정하기도 했다. 그 아들 양운거는 더욱 큰 부(富)를 이뤘는데 《현종실록》에는 의병을 일으킨 양여균에게 종2품 벼슬을 내렸으나 받지 않았다는 기록이 나오는 것으로 보아 남원 양(楊) 씨의 선비다움을 엿볼 수 있다.

양석승·양석우 형제의 베풂 실천

특히 양사보의 16세 후손인 양석승은 재산이 천석에 이르자 돈 벌기를 그만 두고 교육과 독립운동에 거의 모든 재산을 내놓았다. 그뿐만 아니라 아무나 쓸 수 있는 디딜방아를 설치해 두고 이웃 사람들이 언제라도 쌓아놓은 볏가마니에서 나락을 꺼내 쌀을 찧어 갈 수 있도록 한 것으로도 유명하다.

눈에 잘 띄지 않는 곳에 있어서, 사람들이 눈치 보지 않고 마음 편하게 벼를 찧어 갈 수 있도록 배려했다고 한다. 공짜로 쌀을 가져가는 사람들도 양심이 있어서 3되 이상은 가져가지 않았다고 전해진다. 구례 류이주 종가 운조루의 "타인능해(他人能解)" 쌀뒤주와 비슷한 장치이다.

양석승은 일제가 만든 학교에 자식들을 보내지 않기 위해서 상당한 돈을 들여 한학 서당을 세웠다. 순창의 유명한 학자이자 우국지사였던 설진영(薛鎭永)을 초빙, 이 서당을 이끌어 가도록 했다. 그러나 일제의 강제 병합 이후 울분을 참지 못한 설진영이 우물에 투신하여 순절해 버리자, 그 가족들의 생계를 보살폈으며, 기미 독립 선언 33인 중 하나인 위창 오세창 선생이 주도하던 독립자금 모집에 남모르게 참여하기도 했다.

또 그의 동생 양석우(楊錫愚)는 적성강(적성면 체계산 옆을 흐르는 섬진강)가에 있는 모든 땅을 침략한 일제가 공유지로 강제로 편입시키려 하자 자신이 사서 그 땅의 소작인들에게 아무 조건 없이 모두 나누어 주었다. 아무나 할 수 있는 나눔이 아니었다. 훗날 그에게 땅을 받은 경작인들이 그 고마움을 기리기 위해 1912년에 가로 40㎝, 세로 1m20㎝의 "양석우포전유혜비(楊錫愚浦田遺惠碑)"를 세웠다.

현재 구림면 자양리 산 속 양석우 무덤 옆에 세워진 "양석우포전유혜비"와
이를 설명하는 양병완 선생

그런데 무슨곡절인지 이 유혜비는 제자리를 떠나 현재 구림면 자양리 산
속 양석우 무덤 옆에 한 쪽 모서리가 깨진 모습으로 세워져 있었다. 양병
완 선생의 안내로 어렵사리 찾아간 유혜비는 그래서 더욱 쓸쓸했다. 어
느 세월에나 무덤가가 아닌 제자리 적성강가에 옮겨져 외로움을 달랠 수
있을까?

고려시대 보물 홍패 3점 가운데 2점이 있는 자존심의 종택

그런데 이 양 씨 집안은 단순한 명문가가 아니었다. 구미리 종택에는 대한민국 보물 제725호가 있다. 그것도 온 나라에 3점뿐이라는 고려시대에 발행한 홍패(과거시험합격증)가 이곳에 2점이나 있으니 대단한 일이 아니던가? 그것도 발행한지 658년이나 되지만 약간 좀이 슨 것 말고는 온전하게 보관되어 있었으니 후손의 정성이나 한지의 우수성이 돋보이는 대목이다

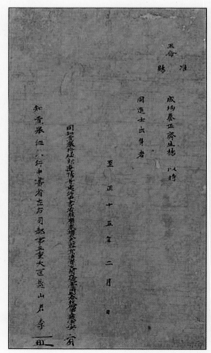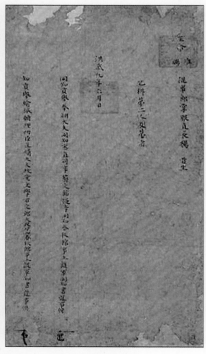

보물725-1, 2홍패. 온 나라에 3장뿐인 고려시대 홍패가 이 종택엔 2장이나 있다

여기에는 고려시대 홍패 말고도 조선시대에 발행된 홍패와 백패도 5점이나 있다. 다만, 이곳 종택에 장비를 가진 도둑이 들어와 금고에 구멍을 내다가 달아난 적이 있어 현재는 모두 국립전주박물관에 보관 중이고, 이곳에는 영인본을 전시 중이다.

홍패 영인본이 전시중인 구문각

양씨 집안은 자존심과 나눔으로 지금까지 버텨왔다. 그들의 자존심이 홍패였다고 한다면, 그 자존심을 이어가도록 뒷받침한 도덕적 장치는 이웃에 대한 나눔이었을 것이다. 양사보로부터 끊이지 않고 이어져온 나눔과 베풂의 실천이야말로 우리시대에 본받을 정신이요, 철학이 아닐까하는 생각을 하면서 구미리 양사보 종택을 뒤로 했다.

구림면 자양리 산 속의 양석우 선생 무덤과 비석

양석우 선생 무덤 옆의 "양석우포전유혜비"

세금 대납하고 옥살이 풀어주길 세 차례
해남 녹우당 고산 윤선도 종가

07

세금 대납하고 옥살이 풀어주길 세 차례

해남 녹우당 고산 윤선도 종가

종가

녹우당에 가기 위해 종손 윤형식 선생께 전화를 드렸다. 나눔을 실천한 종가에 대한 글을 쓴다는 말에 선생은 "전화 잘 주셨습니다. 녹우당은 대대로 나눔을 실천하는 것이 집안의 내력입니다. 그래서 녹우당 유물전시관에도 그 점을 강조하고 있지요." 라며 반갑게 전화를 받아 주었다.

한국에 종택과 고색 찬란한 고택은 많지만 특별히 '나눔'이라는 주제에 걸맞은 집을 찾기는 쉽지 않다. 그런 가운데 윤형식 선생의 전화는 가뭄의 단비 같았다. 전화를 끊자마자 득달같이 해남으로 달려갔다. 아니나 다를까 선생은 집 밖에 까지 나와 먼 길을 달려온 나를 맞아주었고, 종부가 우려내온 따뜻한 전통차로 마음을 푸근하게 해 주었다.

공재 윤두서와 가까웠던 옥동 이서가 쓴 녹우당 편액

해남 녹우당 고산 윤선도 종택 전경

대담 도중 한 통의 전화가 걸려왔다. "자네가 고생이 참 많네. 그렇게 열심히 해주니 내가 마음이 놓이네."라며 전화를 끊더니 한국 최고의 정원으로 평가받고 있는 고산 윤선도의 금쇄동 관리인이라고 귀띔한다. 비록 관리인이지만 정감어린 응대가 인상적이었다. 선생은 관리인이 어려운 형편에 놓여 있는 것을 알고 손수 나서서 금쇄동에 살도록 해주었다고 했다. 이 역시 녹우당 대대로 나눔을 실천한 종가답게 후손 대에서도 그대로 실천하는 것 같아 보기 좋았다.

아무리 유명한 종가라 해도 한 집안에 두 사람 이상의 걸출한 인물이 나오기는 쉽지 않은 데 이곳은 다르다. 녹우당 종택은 고산(孤山) 윤선도(尹善道)와 공재(恭齋) 윤두서(尹斗緖)를 배출한 한국에 둘도 없는 뛰어난 집안이다. 그러나 이 종가를 더욱 빛나게 하는 것은 고산의 4대조 할아버지인 어초은(漁樵隱) 윤효정(尹孝貞) 선생이다.

어초은 공의 〈삼개옥문적선지가(三開獄門積善之家)〉
고산 윤선도의 〈충헌공 가훈〉

녹우당 종택에서는 지금도 후손들이 집안의 제일 덕목으로 내세우고 있는 것이 〈삼개옥문적선지가(三開獄門積善之家)〉라고 한다. 녹우당 종택 족보 첫 머리에는 어초은 윤효정 공이 어려운 지경에 이른 백성들을 3번이나 구제해 주어 "삼개옥문적선지가"라는 이름을 얻게 되었다는 기록이 나온다. 큰 흉년이 들어 백성들이 세금을 내지 못하여 옥에 갇히는 사람들이 많자 이에 어초은 공이 관에 세금을 대신 내고 이들을 풀어주었는데 이렇게 하기를 3번이나 하였다는 것이다.

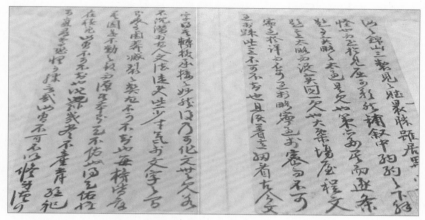

고산 충헌공 가훈 〈기 대아서(寄 大兒書)〉 일부

이후 녹우당 종택은 이 〈삼개옥문적선지가(三開獄門積善之家)〉를 한시도 잊지 않고 살아왔다. 특히 고산 선생은 74살 되던 해 유배지 함경도 산수에서 맏아들에게 보낸 편지 〈기 대아서(寄 大兒書)〉를 통해 후손들에게 지켜야할 실천윤리를 당부한다. 이에 고산의 손자가 〈충헌공 가훈〉이란 제목을 붙여 금과옥조로 삼았다.

1. 어려서부터 사치하기보다는 검소함을 즐기고 모든 것을 아껴서 생활하도록 하라.

2. 지금 해야 할 일은 바로 하고 오늘 해야 할 일은 내일로 미루지 마라.

3. 나에게 불행이 왔다고 그 불행을 남의 탓으로 돌리지 마라.

4. 까닭 없는 우월감을 갖지 말고 상대보다 내가 무조건 낫다는 생각을 버려라. 그렇다고 내가 남보다 못하다는 생각도 갖지 마라.

5. 집안 일가 친족 형제 사이에 우애를 갖고 어려운 이를 돌보며 부리는 아랫사람에게는 언제나 따뜻하게 하고, 노비일지라도 일한 만큼 반드시 품삯을 계산해서 주어라.

6. 단정한 몸가짐과 단정한 말씨 바른 예의로서 상대를 대하라.

7. 어떤 상황이든지 화는 늦게 낼수록 좋은 것이다. 먼저 화를 내기보다는 상황을 먼저 깨닫고, 남의 성공을 일부러 깎아내리려 하지 마라.

8. 언제나 조급한 마음을 갖지 말고 같은 생각과 같은 말로 평온함을 유지하며 생활하라.

9. 어떤 상황이던지 이익을 얻던지 못 얻던지 항상 진심과 정의로서 말하고 행동하여 자신의 말과 행동이 일치하도록 하라.

10. 현재 내가 가지고 있는 모든 것에 대해 감사하는 마음을 가지고 항상 조상을 공경하라.

구구절절 사람이 지켜야할 덕목들이다. 이 가훈만 지킨다면 성인에 이르지 않을 사람이 없을 것만 같다. 그러니 어찌 녹우당 종택이 빛나지 않을 수 있으랴.

고산은 말로만 후손을 가르친 것이 아니라 몸소 실천하며 보여주었는데 언제나 가난한 친척이나 주변 사람들에게 베푸는 일을 게을리 하지 않았고, 세상을 뜨기 한 해 전인 84살에는 '의장(義庄, 가난한 사람을 돕기 위한 농장)'을 마련하여 의곡(義穀, 옳은 일에 쓰는 곡식)을 보관해두고 극빈자들을 돕는 일에 앞장섰다. 나라에 충성을 바치고 가난한 이웃을 사랑하는 양심적인 선비로서의 삶에 한 치의 부족함이 없는 일생을 보낸 사람이 윤선도 선생이었다.

스스로 의학, 천문, 풍수지리, 음악, 미술을 두루 섭렵한 고산
후손들 문화가 살아 숨 쉬는 종가를 만들어가
공재 윤두서, 가난한 이들 자활의 길 열어주다

고산은 송강 정철과 더불어 조선시가에서 쌍벽을 이룬다는 평가를 받았지만 정치적으로는 불우한 삶을 살았는데 후손들에게 가능하면 정치에 발을 들여놓지 말고 대신 실용적인 학문에 힘쓸 것을 당부했다. 특히 고산은 단순히 문학에만 뛰어났던 것이 아니라 당시 사대부로서는 감히 다루기 어려운 의학, 천문, 지리, 점성술, 풍수지리, 음악, 미술 등을 두루 섭렵하였다. 그는 이러한 학문을 연구하였을 뿐 아니라 실제 생활에서 이를 직접 응용하였는데 한의학에 정통해 다른 사람들에게도 약을 처방해 주기도 했다.

그런데 고산의 위대함은 11살 때 산사에 들어가 책을 읽었을 정도로 스스로 독학하여 이 모든 학문을 섭렵했다는데도 있다. 이는 후손들에게 그대로 이어져 해남 윤씨가의 독특한 가학으로 전승되었다고 한다. 그래서 녹우당은 문화가 살아 숨 쉬는 위대한 종가를 유지 할 수 있었던 것이다. 이후 공재 윤두서라는 걸출한 화원이 나왔고, 공재의 뒤 윤덕희, 윤용까지 이어지는 삼대 화가집안이 되었다.

어초은 윤효정 선생과 고산 윤선도 선생의 나눔 정신은 후대인 공재 윤두서 대에 와서도 빛을 발한다.《해남 윤씨문헌(海南尹氏文獻)’ 공재공행장》에는 다음과 같은 구절이 나온다.

"그해 마침 해일(海溢)이 일어 바닷가 고을은 모두 곡식이 떠내려가고 텅 빈 들판은 벌겋게 황톳물로 물들어 있었다. 백포(白浦)는 바다에 닿아 있었기 때문에 그 재해(災害)가 특히 극심하였다. 인심이 매우 흉흉하게 되어 조석 간에 어떻게 될지 불안한 지경이었다. 관청에서 비록 구제책을 쓰기는 했으나 실제로는 별다른 혜택이 없었다.

백포 사방 산은 사람들의 드나듦이 없고 또한 나무를 기른 지 오래되어 나무가 꽤 무성했다. 공재공은 마을사람들에게 함께 그 나무들을 베어내고 소금을 구워 살길을 찾도록 길을 열어 주었다. 한마을 수백호의 주민이 이에 도움을 받아 모두 굶어죽지 않고 살아나 떠돌아다니거나 죽는 일이 없게 되었다."

공재는 단순히 곡식을 나누어주는 것만으로써 가난한 이들을 구하는 도리를 다한 것으로 생각하지 않았고, 스스로 일을 해서 기근을 벗어날 수 있도록 도왔던 슬기로운 사람이었다.

공재는 또한 "옛 그림을 배우려면 공재로부터 시작하라"라는 말이 있을 정도로 그림에 뛰어났다. 특히 공재의 그림을 보면 나물캐기, 짚신삼기, 목기깎기, 돌깨기 같은 풍속화를 많이 그렸는데 어려운 삶을 사는 백성에 대한 애정이 뚝뚝 묻어나는 그림들이다. 공재는 이뿐만이 아니라 말을 지극히 아끼고 사랑하며 함부로 타기조차 삼가하여 '백마도', '어린 새끼와 말' 같은 그림도 그려 동물에게조차도 함부로 대하지 않는 모습을 보였다.

백성에 대한 애정이 뚝뚝 묻어나는 그림
공재 윤두서의 "나물캐기"

이러한 가풍은 400년을 이어와 지금의 후손들에게도 드러나고 있다. 현 종손인 윤형식 선생의 딸은 대학을 마치고 화가로 활동하고 있으며, 그의 손녀는 초등학교 3학년 때 시집을 내기도 했다. 고산에서 시작된 박학다식의 유별난 문화 가풍은 그 후손들을 문화의 바다에서 자유롭게 놀게 했고, 그리하여 끊임없이 문화의 향기를 전해주는 종가가 되었다.

종손은 학예사가 있음에도 유물전시관 안내를 손수 해준다. 유물전시관은 고산과 공재가 종가의 선대였음을 증명하듯 국보급 유물들이 즐비하다. 특히 공재가 자화상(국보 제 240호)을 그릴 때 썼다는 "백동거울"이 신기하다. 지금 거울에 견주면 그리 깨끗하게 보이지 않는 거울인데도 그런 뛰어난 자화상을 그렸음에 감탄이 절로 나온다.

국보 제240호 공재 윤두서 자화상과 자화상을 그릴 때 썼다는 백동거울

그러나 나는 다른 유물보다 "가풍(家風) – 백성을 사랑한 종가"라는 소제목이 성큼 가슴 속 깊이 파고든다. 다른 유물전시관에서 이렇게 "나눔의 철학"을 강조하는 것을 본 적이 없는데 고산 선생의 종가는 '나눔'을 종가의 가풍으로 삼고 있음이 드러나는 대목이었다. 흔히 종가에 따라서는 높은 학문만을 자랑하거나 후대에 와서 인색한 집안이 많은데 고산 선생 집안은 예나 지금이 한결 같아 보여 덩달아 마음이 따뜻해진다.

저녁 어스름 유물전시관을 둘러본 뒤 서둘러 해남버스터미널로 향하는데 갑자기 우박비가 거세게 쏟아졌다. 손수 유물전시관까지 발걸음을 했다가 차가운 비를 맞으며 집을 향하던 선생이 걱정되어 서울행 막차 고속버스 안에서 전화를 드렸다. "비를 좀 맞긴 맞았지만 따뜻한 방에서 조금 있으면 됩니다. 걱정 마세요. 그보다는 멀리서 오셨는데 부디 잘 살펴 가십시오"라며 다시 날을 잡아 이번에 못 본 금쇄동과 보길도까지 한번 들러보자는 나긋한 목소리가 살갑게 느껴졌다. 녹우당이 훌륭한 종가라는 명성은 고산과 공재라는 걸출한 인물과 더불어 그 후손의 따뜻한 마음으로 이어지는 것임을 새삼 느꼈다.

종손 윤형식 선생

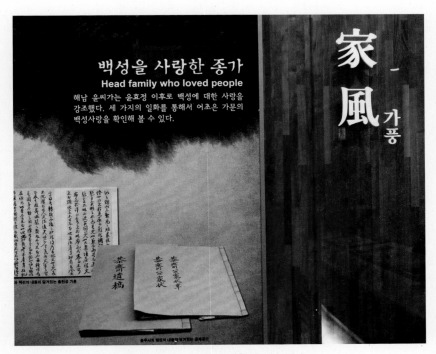

백성을 사랑한 종가
Head family who loved people

해남 윤씨가는 윤효정 이후로 백성에 대한 사랑을
강조했다. 세 가지의 일화를 통해서 어초은 가문의
백성사랑을 확인해 볼 수 있다.

家
風 가
풍

유물전시관에는 "가풍(家風)이 〈백성을 사랑한 종가〉"임을 강조했다.

누에는 치지 말고, 나락은 길가에 쌓아두어라
논산 명재 윤증 종가

08

누에는 치지 말고, 나락은 길가에 쌓아두어라

논산 명재 윤증 종가

논산의 명재(윤증)고택을 찾아가는 날, 비는 오락가락하고 더위도 제법 기승을 부렸다. 하지만 대문이 없는 집안에 들어서면서 만난 아름다운 정원과 붉게 핀 배롱나무는 불쾌지수를 깨끗이 씻고도 남음이 있었다. 누마루 같이 탁 트인 사랑채에 오르면서 고택이 주는 편안함 그 이상의 운치가 예사롭지 않음을 느끼게 한다.

의전과 의창제도로 가난한 이들을 구제

"명재 윤증(明齋 尹拯 : 1629~1714) 종가는 나눔을 실천한 집으로 유명합니다. 어떤 나눔이 있었는지 구체적으로 말씀해주시죠."

명재의 12대 후손인 윤완식 선생

사랑채에서 명재의 12대 후손인 윤완식(尹完植) 선생을 만나자 마자 그런 질문을 던졌다. 윤완식 선생은 서울에서 사업을 하다 15년 전 모든 걸 접고 귀향했다고 한다. 원래 종손은 형님이었지만 몇 년 전에 세상을 뜨는 바람에 현재 봉사손 역할을 하고 있는 상황이다.

"명재 할아버님의 큰아버지 윤순거(尹舜擧) 할아버님 이후 우리 집안은 이웃과 함께 살기 위해서 의전(義田)과 의창(義倉) 제도를 운영하였습니다."

윤순거 이후 윤씨 노종파는 다시 5파로 나뉘는데 윤순거 선생은 이 다섯 집에 각각 논 7마지기씩 모두 35마지기를 내놓았다. 그러면 다섯 집에서는 해마다 농사를 지어 소출의 일정량을 문중에 기금으로 적립하였는데 이 기금은 의전(義田)으로 의로운 일에 썼다고 한다.

윤순거 선생은 또한 조상의 무덤이 있는 주변 마을 사람들에게도 사랑을 베풀었다. "윤씨들은 마을 사람들이 어려워질 수 있으므로 들어가 살지 말 것, 집터와 채마밭의 소작료는 면제한다. 마을 사람들에게는 생활을 지탱할 만큼의 논밭을 빌려준다. 마을 사람들의 경조사에는 종중에서 상당량을 보조하고 빌려준다. 흉년이나 우환이 있으면 상당한 돈을 보조 또는 빌려준다."라는 원칙을 지키라고 후손에게 가르쳤다.

이 의전제도는 명재 이후 한때 소홀한 때도 있었다. 하지만, 1799년(정조 23)과 1802년(순조 2)에 큰 흉년이 들어 많은 사람이 굶어 죽고, 초상이 나도 장례를 치르지 못 하는 사태가 발생했을 때 윤광저(尹光著)·윤광형(尹光炯) 등이 발의해 의전보다 좀 더 큰 규모인 의창(義倉)을 설립했다. 이에 윤씨 집안이 거족적으로 참여하고 고향인 노성 현내의 크고 작은 18개 종계(宗契)에서도 돈을 모았다.

이 적립한 기금에서 나오는 쌀은 해마다 200석이었는데 이 쌀로 수해나 가뭄 또는 빈민 구휼 사업에 나섰던 것이다. 의창은 근래까지 유지되다가 6·25 이후 토지개혁이 이루어지면서 해체되었다고 한다. 곡물을 쌓아 놓던 의창의 창고 건물은 없어졌지만 그 자리에는 현재 의창비(義倉碑)가 서 있어 그 역사를 말해 준다.

부자가 양잠을 해서는 안 될 것

"또 명재고택에서는 누에를 치지 않았다고 하지요?"

"그건 부자가 양잠까지 손을 대면 가난한 사람이 먹고 살 일이 막막해진 다는 생각에서였습니다. 이웃과 더불어 살아야 한다는 점에서 당연한 일 이라 생각합니다."

윤 선생의 말은 윤광소가 펴낸 ≪명재선생언행록(明齋先生言行錄)≫에 보면 자세히 나와 있다.

"양잠하는 것을 금하시며 말씀하시기를 '이'(利)를 따라 행하면 원망이 많 다. 우리 가문이 선대 이래 남에게 원망을 듣지 않은 것은 추호도 남의 일을 방해하지 않았던 데 있다. 이는 자손들이 마땅히 삼가 지켜야 할 일 이다. 요즘 민원(民怨)의 큰일은 양잠하는 일이다.

집에서 뽕나무를 심지 않고 양잠을 한다면 노비를 시켜 뽕나무 있는 집 으로 나가 훔치고 약탈하는 데까지 이르는 것이니, 이것이 자기만 이롭 고 다른 사람에게 방해가 되는 일이라 아니하겠는가. 이번에 종중과 더 불어 약속할 것은 지금부터 뽕나무를 심지 않은 집은 양잠을 하지 않아 야 훔치는 일을 하지 않게 될 것이다. 모름지기 동네 사람들의 원망과 단절하는 일이 되게 하라. 양잠을 안 하면 도적질의 폐단도 끊을 수 있을 것이고, 향민(鄕民)들의 원망도 그칠 것이다. 각자 조심하고 생각해서 가법을 잃지 않게 하라 하였다."(명제선생언행록, 明齋先生言行錄)

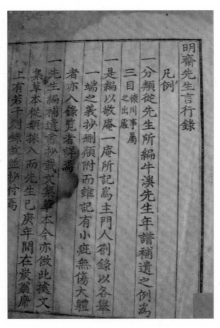

명제선생언행록(明齋先生言行錄)

요즘 대기업들이 골목상권까지 싹쓸이 하는 것은 명재 선생이 보면 있을 수 없는 일일 것이다. 그런 더불어 사는 정신이 더욱 빛을 발한 건 윤완식 선생의 증조할아버지인 윤하중(尹昰重) 대였다. 윤하중 선생은 1939년 흉년이 들어 주민들의 생활이 극도로 어려워지자 이를 돕기 위해 일부러 공사를 벌였다. 신작로에 석축을 쌓는 공사를 벌였고, 이에 참여한 마을 사람들에게 노임으로 쌀을 주었다.

"할아버지께서는 그냥 쌀을 주기보다 노동을 한 대가로 주는 방법이 서로 부담이 없다고 본 것이지요. 원래 나라에서 해야 할 취로사업을 개인이 한 것입니다. 그런가 하면 가을에 추수를 한 뒤 집으로 들어오는 길목에는 며칠 동안 나락을 쌓아 두었습니다. 밤에 동네 사람들이 가져가도 일부러 모른 체 했지요. 밤에 가져가는 사람들은 대부분 형편이 어려운 사람들이었으니까요. 혹시 머슴들이 누가 가져갔는지 말하면 모른 체 했다고 합니다."

고택은 6·25전쟁 때 인민군들이 막사로 쓰는 바람에 미군기의 공습을 받을 위기가 있었지만 이 마을 출신 전투기 조종사의 적극적인 중재로 명재고택은 폭격을 면할 수 있었다고 한다. 명재 집안이 대대로 덕을 쌓아온 음덕이 보답으로 돌아온 셈이다.

배롱나무가 아름다운 명재고택 정원

명재고택 사랑채

명재 선생, 꽁보리밥에 볶은 소금과 고춧가루를 먹다
생일상 차릴 쌀을 이웃에게 베풀어

명재 선생이 평소 살던 집은 현재의 명재고택이 아니었다. 4km 정도 떨어진 곳에 있는 유봉영당(酉峰影堂)의 바로 옆 공터가 그가 살던 집터였다는 것이다. 선생은 초가삼간을 짓고 소박하게 살았는데 하루는 제자가 찾아가 보니 그 초가삼간마저 무너져 긴 나무로 떠받쳐 지탱하고 있었다고 한다. 하지만 집안의 선반에는 책이 가득 차 있고, 주변에는 항상 선생의 정신을 따르는 제자들이 넘쳐났다고 전해진다.

명재 선생은 보리밥에 볶은 소금과 고춧가루만 먹는 때가 많았다. 손님이 와도 꽁보리밥과 볶은 소금만을 함께 먹어야만 했다. 그런가 하면 돈이 많이 들어가는 사치스러운 일이라며 자신의 초상화를 그리지 못하게 했다. 그래서 지금 전해지는 초상화는 화원이 문틈으로 훔쳐보고 그린 것이어서 옆얼굴만 보인다고 했다. 정면이 보이는 것은 옆얼굴의 초상화를 바탕으로 2차 작업을 한 것이라고 한다.

"저는 고구마를 잘 안 먹습니다. 겨울만 되면 고구마로 끼니를 때우곤 해 이골이 났기 때문이지요. 아버님께서는 식량을 아껴서 남에게 베풀어야 한다는 생각을 먼저 실천하신 것입니다. 특히 아버님 생신이 한겨울인 음력 1월 9일인데 생신상을 차리는 대신 그 쌀을 이웃에게 베풀 만큼 철저히 자신이 절약하는 모범을 보이셨기에 자손들도 그런 아버지의 뜻을 따를 수밖에 없었습니다."

윤완식 선생은 아버지의 베풂 정신을 이렇게 회상했다. 부자가 고구마로 끼니를 때웠다니 어디 요즘 부자가 그럴 수가 있을까? 명재고택에 있는 제사상은 보통 양반집에 있는 제사상보다 작은 99×68cm 크기다. 그러니 제사상에 올리는 음식이나 과일 등이 소박할 수밖에 없다. 굳이 죽은 이에 대한 제사상을 화려하게 차릴 필요가 없다고 생각한 것이다. 또 명재고택의 굴뚝은 낮게 만들었다. 구례 운조루와, 경주 최부잣집의 수평 굴뚝과는 다른 형태지만 역시 가난한 이들이 굴뚝에서 솟아오르는 연기에 맘 상할까봐 걱정한 것은 같은 이치이다.

명재고택의 제사상은 양반가의 일반 제사상 보다 크기가 작다.

명재고택의 키가 낮은 굴뚝과 장독

명재, 지역차별 하는 조정의 벼슬은 안 할 것
스무 번의 벼슬 제의 그리고 우의정 자리도 거절

명재 선생은 평생 조정으로부터 스무 번이 넘는 벼슬 제의를 받았다. 대개의 경우 2~3번 사양하다가 마지못해 나가는 것이 보통이나 선생은 달랐다. 심지어 말년에는 숙종임금이 직접 정1품 우의정을 준다고 해도 받지 않았다. 우암 송시열로 대표되는 노론의 전횡을 끊임없이 비판했던 명재 선생은 영남 사람들이 소외된 조정에는 들어갈 수 없음을 고수했다. 분명한 도덕적 카리스마는 송시열도, 임금도 어쩌지 못했음이다.

사랑채에서 마당 쪽을 내려다보면 40~50cm 정도 크기의 뾰족뾰족한 돌들을 세워 놓았다. 아니 그냥 돌들이 아니고 금강산을 본으로 만든 석가산이란다. 여름날 문을 활짝 열어 놓고 마루에 앉아 멀리 동남쪽을 바라보면 계룡산의 봉우리들이 다가오고, 시선을 아래로 하여 정원 쪽을 바라다보면 금강산이 한눈에 들어온다. 금강산 구름 위에 내가 있으니 나는 신선이 된 것인가? 사랑채 옆에 걸린 편액 글씨가 "도원인가(桃源人家)" 곧 "무릉도원에 사는 사람의 집"이라 쓰인 것은 우연이 아닌 필연이다.

사랑채에 걸린 "무릉도원에 사는 사람의 집"이란 의미의 편액 〈도원인가〉

사랑채 앞 금강산을 본으로 하여 만든 석가산

천체를 살필 수 있는 위치를 정하고 '일영표준(日影標準)'이라는 글을 새겨놓은 댓돌

명재고택은 예전에 윤증고택으로 불렀다. 하지만, 이제는 "명재고택"이다. 큰길의 안내판에도 "명재고택"으로 되어 있다. 명재는 윤증 선생의 호다. 하지만, 아직 길찾개(네비게이션)는 "윤증고택"으로 찾아야 나오니 답사를 오는 사람들은 고쳐질 때까지 당분간 헷갈릴 수밖에 없다.

서울로 돌아와야 하지만 발길이 떨어지질 않는다. "도원인가'(桃源人家)"에서 신선이 되었으니 신선을 포기하고 싶지는 않은 게다. 아니 명재 선생의 도덕적 카리스마와 나눔 철학을 내 가슴 깊이 새기고 싶은 까닭일레라.

흉년에 곳간을 모두 열다
강릉 선교장 무경 이내번 종가

09

흉년에 곳간을 모두 열다
강릉 선교장 무경 이내번 종가

통천댁이라 불렸다는 강릉 선교장을 찾아가는 날은 비가 매섭게도 내렸
다. 언론은 이런 비를 '호우'라 부르지만 우리 겨레는 '무더기비'나 '억수',
'채찍비'로 불렀다. 이런 비속에서 사진은 제대로 찍을 수 있을지 걱정이
되었지만 그래도 선교장 이강백 관장과 어렵사리 잡은 약속을 깰 수는
없었다. 다행히 강릉 고속버스터미널에 내리자 비도 잦아들었다. 선교장
의 이웃사랑을 많은 이에게 알리라는 하늘의 도움일까?

터미널에서 택시로 5분 거리라지만 10분은 족히 될 것 같다. 아니 한시
바삐 우리나라 최고의 정원 속에 청정하게 자리 잡은 선교장을 빨리 만
나고픈 마음이 조바심을 낸 것일 게다.

선교장은 효령대군 11세손으로 가선대부를 지낸 무경 이내번(茂卿 李乃蕃 : 1703~1781) 공이 처음 이곳에 터를 잡은 이래 300년을 이어온 집이다. 선교장에 들어서니 기품 있는 생활한복 차림의 이강백 관장이 반갑게 맞이해준다. 인상이 우선 선하고 소박하고 말투에도 가식이 없는 느낌이다.

아름다운 기와집들이 빼곡히 들어찬 선교장 전경

이웃사랑을 함축적으로 표현하고 있는 "통천댁"

"먼저 이웃사랑을 함축적으로 표현하고 있다고 생각되는 통천댁 이야기를 해주시죠."

나는 대뜸 본론으로 방향을 틀었다. 사실 통천댁 이야기만 들어도 "나눔의 철학"이 고갱이인 종가 얘기의 중요한 부분은 다 짚을 수 있지 않은가? 또 그것은 내가 약속시간 보다 늦게 도착한 탓에 관장의 다음 약속시간이 있어 대담에 지장을 받을 수도 있기에 그럴 수밖에 없었다.

"사실 그것은 우리 종가가 대단한 철학을 가졌다기보다 이웃과 함께 살아야 나도 행복할 수 있다는 지극히 원론적인 얘기로 답할 수 있습니다. 관동지방은 호남지방에 견주면 땅이 많지 않습니다. 그리고 산이 많은 지역적 특성상 여기저기 흩어져 있을 수밖에 없습니다. 그래서 흩어져 있는 땅에 농사를 지으려면 농민들의 도움이 절대적이고, 또 그들을 믿어야만 합니다. 그런데 농민들이 굶어서야 농사를 제대로 지을 수도 없을 것입니다. 그래서 극심한 흉년이 들면 곳간을 모두 열어야 하고 그래야 함께 살아갈 수 있지 않을까요?"

물론 지극히 옳은 이야기다. 그러나 대다수의 부자들은 그런 철학을 외면할뿐더러 남을 짓밟더라도 나만, 내 집안만 더 부자가 되기 위해 몸부

림을 치는 것이 일반적인 사회상인 것을 어쩌랴? 선교장을 일으키고 이웃사랑을 크게 실천했던 분들의 아름다움이 현재 선교장 관장에게 그대로 흐르고 있음을 느낀다.

선교장에 대한 별명이 '통천댁'이 된 것은 19세기 초~중엽 선교장 주인이었던 이봉구(李鳳九 : 1802~1868) 선생이 강원도 통천군수를 지냈기 때문이다. 하지만, 단순히 통천군수를 지냈다는 까닭만으로 통천댁으로 불린 것은 아니다. 관동지방에 극심한 흉년이 들었을 때 선교장 쌀 곳간에 저장돼있던 곡식을 모두 풀어 지방민들을 살린 곳이 통천댁이다. 그랬기에 관동 사람들은 그 적선에 대해 감사하는 마음으로, 선교장을 통천댁으로 바꿔 불렀다는 것이다.

해마다 수만 섬의 소출이 있던 이 집의 쌀 창고는 선교장 안과 고성의 북창, 삼척의 남창 등 모두 6군데였다. 통천군수가 관동지방 흉년에 내놓은 쌀의 양은 아마도 5,000섬 가까이 될 것이란 추측이다. 7~8명 식구가 한 해 동안 먹는 쌀의 양이 평균 5가마였음을 감안하면 대단한 양이었다.

통천댁은 평소에도 농민들을 후하게 대했다. 뿐만 아니라 지역을 책임진 집사들이 횡포를 부리지 않도록 철저히 지켜보는 것도 중요한 일이었다고 한다. 사실 주인이 아무리 잘해도 집사들이 올바르지 않으면 의미가 없는 것이다. 그 고마움에 대한 답례로 1만 명의 농민 곧 소작인들이 자기 이름을 써넣은 '만인솔'이란 우산을 만들어줬다. 지금도 통천댁은 옥양목으로 된 '만인솔'을 집안의 가장 귀중한 보물로 생각하고 있다.

유명한 박물관 못지않은 "유물전시관"

이강백 관장은 현재 (사)한국고택문화재소유자협의회 회장으로 6년째 일하고 있다. 그래서 관장이 선교장에 머무는 시간은 월, 화요일뿐이라고 한다. 회원 고택을 돌아보며 의욕적으로 온갖 일을 해내고 있기 때문이다. 그래서 구례 운조루부터 온 나라 고택, 종가들에 대한 뒷이야기를 다양하게 해준다. 고택, 종가들에 대한 관장이 가진 사랑의 깊이는 끝이 없다.

대담을 끝내고 "유물전시관"을 안내해주겠다고 일어선다. 전시관 안에 들어서니 규모는 크지 않지만 조선시대 귀한 유물들이 빼곡하다. 얼마 전 전주 박물관에서 보았던 소반들이 별도로 특별전을 차릴 만큼 여기도 있다. 끊임없이 설명해주고 있는 관장은 유물들에도 굉장한 애정이 있음을 증명하고 있다.

유물 가운데 눈에 띄는 것은 추사 김정희 글씨의 "홍엽산거(紅葉山居)"

편액이다. 추사 글씨 하나만 가지고도 이 유물전시관의 가치를 말하고 있을 정도인데 관장은 관람객들에게 탁본 체험도 해주고 있다고 귀띔한다. 편액 앞에는 바둑판, 장기판, 쌍륙판이 함께 전시되어 있다. 조선시대 크게 인기를 누렸다는 쌍륙판, 어느 박물관에서도 보지 못했던 쌍륙판을 여기서 보게 될 줄이야.

추사 김정희 글씨의 "홍엽산거(紅葉山居)" 편액
유물전시관에서는 관람객이 이 편액을 탁본할 수 있도록 하고 있다.

유물전시관에는 다양한 유물이 전시되고 있다

그밖에 유물전시관은 상감화로, 각종 바느질 도구, 상태가 완벽한 조선 시대의 신 곧 태사혜, 운혜, 흑피혜는 물론 발막신, 나막신, 지신, 미투리, 설피까지 골고루 전시되어 있다. 또 포졸모자와 사또모자, 그리고 선비 집안임을 증명하듯 8폭 책가도병풍, 경상, 교지들도 볼 수 있으며, 목어 모양의 빗자루는 신기할 정도이다.

그런데 선교장의 유물 전시는 여기서 끝이 아니다. 행랑채 옆으로 가면 또 다른 민속자료관이 있어서 예전 안채에서 썼던 다양한 생활도구들이 전시되어 있다. 이런 정도의 소장품이라면 웬만한 박물관을 뺨칠 정도이다.

신선이 사는 그윽한 집 "선교유거(仙嶠幽居)"

땅에는 빗물이 고인 곳이 있고, 비가 조금씩 내리기에 사진 찍기에는 좋은 형편이 못 된다. 하지만, 그러한 조건이 사진을 찍고 돌아보는 것을 방해할 수는 없다. 유물전시관을 나와 행랑채 쪽을 보니 장관이다. 모두 24칸에 방이 20개라니 거의 100여 명이 함께 묵을 수 있는 숙박시설이다. 좌우로 60여m에 달하는 한 일자 모양의 행랑채 위용은 방문객을 꼼짝 못하게 한다.

좌우로 60여m에 달하는 한 일자 모양의 행랑채 위용

행랑채 대문에는 "선교유거(仙嶠幽居)"라는 편액이 붙어 있다.

행랑채 대문에는 "선교유거(仙嶠幽居)"라는 편액이 붙어 있다. 신선이 사는 그윽한 집이라는 뜻이 기가 막히다. 집주인만이 아니라 여기 묵는 손님 모두가 신선이 되는 것이다.

손님이 묵을 수 있는 곳은 행랑채 말고도 30명 정도가 들어간다는 6칸 겹집인 작은 사랑채가 있으며, 귀한 손님들이 묵는 큰 사랑채 열화당(悅話堂)은 방이 3개에다 대청마루가 6칸이나 되고, 대청마루보다 약간 높은 누마루가 4칸이나 된다.

선교장에 이처럼 방이 많았던 이유는 부잣집이라는 것만으로는 설명할 수가 없다. 대관령 넘어 관동지역은 예로부터 경치가 좋은 선경이라 일컬어졌다. 금강산, 설악산, 경포대에다가 영랑 선인이 놀았다는 영랑호까지 끼고 있어서 전국에서 많은 유람객들이 몰려왔고, 이 유람객들은 대부분 관동의 첫째가는 부잣집인 선교장에서 숙식을 했다는 것이다.

아담한 연못으로 둘러싸인 활래정(活來亭)

한마디로 관동의 으뜸 호텔이라 생각했던 건 아닐까? 물론 역대 선교장 주인들도 손님들의 무전취식을 당연하게 생각했다. 6·25때 폭격으로 없어지기 전에는 1인용 7첩 반상 그릇이 300인용 가량 보관돼 있었다고 하니 얼마나 많은 손님을 접대했는지 짐작이 가는 대목이다. 이 집의 주인들은 '열화당'이라는 사랑채의 당호처럼 찾아오는 손님들과 이야기 하는 것을 아주 중요하게 생각했다. 인생을 사는 의미와 보람이 바로 이야기로 서로의 생각을 공유하는데 있다고 생각한 것이다.

평생에 눈썹 찌푸릴 일을 하지 않으면…
지금 같은 산업사회에선 재벌이 근로자와 상생해야

선교장의 역사는 크게 세단계로 나뉜다. 무경(茂卿) 이내번(李乃蕃 : 1703~1781)이 처음 이곳에 터를 잡았고, 그 손자인 오은(鰲隱) 때에 와서 사랑채인 열화당(悅話堂)과 연못 안의 정자인 활래정(活來亭)이 만들어졌으며, 증손자인 경농(鏡農) 이근우(李根宇 : 1877~1938) 때에 24칸의 한일자 행랑채가 증축되었다.

오은 선생이 평생 좌우명으로 삼았던 "평생에 눈썹 찌푸릴 일을 하지 않으면 세상에서 응당 이빨을 가는 사람이 없을 것이다(平生不作皺眉事 世間應無切齒人)"는 선교장의 철학을 한마디로 드러내는 것일지도 모른다. 그뿐만이 아니라 오은 선생은 연못을 파고 연꽃을 심고 활래정이라는 그림 같은 정자를 만들어놓고 진흙탕 세상에 살면서도 진흙탕 세상을 벗어나 있는 거진출진(居塵出塵) 삶을 꿈꾸었는지도 모른다.

대담 중 이강백 관장은 직원에게 "너 우리집 딸내미 맞아? 손님이 오셨는데 따뜻한 차 한 잔과 과즐이 없으니……."라고 점잖게 꾸짖는다. 물론 가벼운 음수료를 이미 내왔지만 그 정도로는 선교장의 손님 접대가 아니라는 뜻이었다.

현재 한국고택협회 회장을 맡고 있는
이강백 선교장 관장

대담 끝에 관장은 "예전엔 농민이 근본이었듯이 지금 같은 산업사회에선 근로자가 근본입니다. 우리가 농민과 상생했듯이 지금은 재벌이 좀 더 융통성 있게 처신해 더불어 살아야 합니다."라고 말한다. 현대사회에 뼈아픈 질책이었다. 동시에 관장은 우리 어머니들이 위대한 모성을 가진 사람들인데 요새는 대리만족을 위한 지나친 교육열에 아이들을 희생시키는 것은 아닌지 되돌아봐야 한다는 것도 주문했다.

독립운동가 성재(省齋) 이시영(李始榮)과 백범(白凡) 김구(金九), 건국준비위원회의 몽양(夢陽) 여운형(呂運亨)도 단골손님이었다는 선교장. 예술가들을 끝없이 후원해 "한국의 메디치가"라는 칭송을 듣는 이내번 종가. 민간주택으로는 처음으로 국가지정 문화재(중요민속문화재 제5호)로 선정된 고택. 선교장에는 곳곳에 나눔의 향기가 짙게 배어있고, 신선의 아름다움이 물씬 풍긴다. 잠시나마 이곳을 둘러본 나는 그대로 눌러앉아 살고픈 충동이 돌아오는 내내 사라지지 않았다.

전 재산을 구휼과 의병 지원, 차용증서 모두 불태워
예천 별좌공 사고 이덕창 종가

10

전 재산을 구휼과 의병 지원, 차용증서 모두 불태워

예천 별좌공 사고 이덕창 종가

경북 예천 송곡리의 사고 이덕창(沙皐 李德昌 : 1569~1616) 별좌공 종택을 찾아 가던 날은 함박눈이 펑펑 내려 자동차들이 설설 기던 날이었다. 평소 예천은 갈 기회가 없었는데 벼르고 별러 찾아 나선 길이 빙판길이라 조심조심 찾아 갔다. 예천군 호명면 송곡리 별좌공 종택에 이르렀을 때 눈은 개어 있었고 하늘은 마치 비 갠 뒤의 날씨처럼 높고 푸르렀다.

"내려 와도 별로 들려 줄 이야기가 없는데……."라며 찾아뵙기 전 나눈 전화 통화 너머에서 바튼 기침 소리를 내던 종손 어르신은 불편한 몸으로 대문을 활짝 열고 반겨 주었다. 대문 안으로 들어선 앞마당 위쪽에는 오래된 고택 한 채가 버티고 있었다.

예천 별좌공 이덕창 종택 전경

의병장으로 적을 토벌하고 주검 못 찾아 의관 거두어 장사 지내

"이유(李愈)는 자가 자흠이요, 호를 매촌(梅村)이라 하는데 연안인(延安人)인으로 예천 출생이다. 가정 임오에 형제가 함께 진사가 되고 퇴계 문하가 되었다. 4개의 읍을 다스려 치적을 쌓고 임진년에 용궁(龍宮) 현감으로 부임하자 군사를 모아 외적에 대항하였다. 난리를 만나 뿔뿔이 흩어지는 민심을 수습하고 겨우 수백에 지나지 못하는 군사이지만 용궁 정재령(政在嶺)은 나라의 주요 보급로로서 이를 반드시 지켜야 할 책임이 막중한바 그야말로 죽을 각오로 임하여 온갖 난관을 극복하고 수많은 적의 목을 베고 신속하게 움직일 수 있도록 보급로를 열어 차질이 없게 하였다. 다시 예천의병장으로 토적을 잡아 온 고을이 일단 안정을 취할 수 있게 질서를 잡아 나갔으며 이로써 경상도 안찰사인 김수(金睟)는 공을 진충보국한 공으로 포상하였다”

이는 도산문현록(陶山文賢錄, 퇴계이황 선생의 언행록 · 묘갈명 · 도산급문제현록 등이 있음)에 기록된 매촌(梅村) 이유(李愈) 선생의 이야기다. 또 국조실기(國朝實記)에도 “용궁현감 이유는 적병과 더불어 교전하여 많은 적의 머리를 노획하였으며 경상감사 백암 김인이 포상하였다”라는 기록이 있고《예천읍지(醴泉邑誌)》에는 “이유는 의병장으로서 많은 적을 치고 마침내 진중에서 돌아가시니 주검을 찾을 수 없어 그 의관을 거두어 장례를 지냈다.”라는 기록이 있다.

이유(李愈)선생의 동생 이응(李應)공의 아들이 바로 사고(沙皐) 이덕창(李德昌 : 1569~1616) 선생이며 지금의 종손 이의선 선생은 그로부터 16대이다. 이덕창 공의 아버지 눌헌(訥軒) 이응(李應 : 1536~1597) 선생은 퇴계 이황의 제자다. 천부적인 재질에 학문을 좋아하여 성리학을 열심히 공부한 결과 선조 때 생원이 되었고, 당시 쟁쟁한 이황의 제자 중에서도 이응의 깊은 학력은 누구도 따르지 못하였다. 그리하여 경상도관찰사는 이응의 학문이 넓고 깊으며, 행실이 고상하다 하여 벼슬에 추천, 통례원인의에 임명되었다. 그러나 성리학을 바탕으로 한 왕도 정치 이념을 가진 이응으로서는 벼슬아치들의 당파 싸움에 염증을 느껴 벼슬을 버리고 고향으로 돌아왔다.

이응(李應) 공이 성리학 연구와 수양에만 전념하던 무릉정 모습(국학진흥원 제공)

무릉정 편액

그 뒤 안동의 절강 뒤 도수골에서 무릉정(武陵亭)을 짓고, 성리학 연구와 수양에만 전념하였다. 이때 동문수학하던 학봉 김성일, 월천 조목 등과 사귀면서 시국과 정치와 학문을 논하며 산림학파(山林學派, 조선 연산군 때부터 심해진 사화와 당쟁을 피해 산촌에 숨어 글을 읽고 시를 쓰던 학자들)의 길을 걸었다. 그러던 중 임진왜란(1592)이 일어나고, 왜적과 싸우다 맏형 이유(李愈)와 둘째 형인 이희(李憙)가 잇달아 순국하게 되자, 이응은 비탄과 울분으로 생을 마감하였다. 그 뒤 경상도 관찰사 이관징이 이응의 학덕을 기리어 송곡리에 사곡사(沙谷祠)라는 사당을 지어주었고, 후손이 그 곁에 무릉정을 옮겨 지어 그가 남긴 덕을 기리고 있다.

이리저리 오가며 바쁜 중에 부끄러이 (東奔西僚愧栖栖)
도처에서 사람 만나 머리를 낮추네 (到處逢人首盡低)
신선 사는 곳에는 절경이 많다던데 (聞說仙源多勝絶)

공의 삶 따르고자 주계에서 빌고프네(欲隨公住祝朱雞)

이 시는 이응 공의 벗들이 무릉정(武陵亭)에서 지은 시다. 그리고 이응의 아들 이덕창은 서애 류성룡의 문인으로, 선조 때 약관의 나이에 과거급제하여 상주판관(尙州判官)을 지냈다. 임진왜란 때의 공으로 내자시정(內資寺正:궁중의 식품. 피륙. 의식 등의 일을 맡아보던 정3품 당하관의 벼슬)에 제수됐다. 그는 관직에서 물러난 후 선대가 자리하던 옛터에 집을 세우고 안채 대청에 '사고구려(沙皐舊廬:사고의 옛집)'라는 현판을 걸었다. 그는 47살로 삶을 마쳤고, 고을 사람들은 충효를 모두 갖춘 뛰어난 인물로 추앙받던 이덕창이 갑자기 숨을 거두자 몹시 애통해 했다고 전한다.

이정기 선생, 대한제국 말기 전 재산을 구휼과 의병지원에 써

사고 이덕창 공의 후손으로 '이정기(李鼎基, 비라이어른)' 선생을 빼 놓을 수 없다. "이르기를 송곡 뒷산 건지산을 〈활인봉(活人峰)〉이라 한 것은 이 연안이씨 이정기 어른의 후덕함을 칭송하여 부른 것이라 전한다."라고 전 성균관장 권중해 선생은 말했다. 얼마나 별좌공 종가의 구휼이 훌륭했으면 멀쩡한 산 이름을 놔두고 "활인봉(活人峰)"이라고 바꿔 불렀을까?

대한제국 말기의 신돌석(申乭石) 의병장은 부근을 지날 때마다 특히 "저 산 밑에는 활인(活人, 사람의 목숨을 구하여 살림)하는 분이 산다. 어려운 사람은 저 산 아래로 찾아가고 부정한 사람은 부근을 다닐 때 조심하여 다니라."는 당부를 하였다는 말도 전한다. 또 이러한 여러 가지 후덕함이 소문나서 불한당조차도 이 부근을 지날 때에는 조심하며, "비라이어른 잠깨실라 발자국소리를 내지 말라" 고 했다는 말이 골골마다 전해왔다.

흔히 "비라이어른"으로 통했다는 이정기 선생은 대한제국 말기에 이르러 흉년이 겹치고 나라가 위태로운 시기를 당하자 전 재산을 구휼과 의병지원에 힘쓰느라 그 흔한 저택하나 짓는 것마저 삼갔다. 이후 자손이 욕심을 내어 송사를 일으킬까 저어하여 사람들을 모아 갖고 있는 산더미 같은 차용증서와 금전거래문서를 모두 불살라 버렸다고 하니 이분의 구휼정신이야말로 그 누구도 흉내 낼 수 없는 일이 아닐까?

현 종손 이의선 선생, 외롭게 종가를 지키다

호명면 사고막골의 야산을 배경으로 이덕창 공이 지은 사고(沙皐) 종택은 선조 때인 1598~1600년에 지어 나이가 400살이 넘는 오래된 고택이다. 현재 경상북도 지정문화재 제71호로 지정되어 있다. 본채와 사당, 대문채 3동이 모두 남향이며 대문간에서 본채까지의 넓은 마당은 경사가 졌고 그 위에 다시 이중으로 축대를 쌓아서 본채를 앉혔다. 본채와 대문채 사이엔 기와집이 여러 채 있었는데 돌보지 않는 사이에 무너져 내려 헐려버렸다. 하지만 사고종택은 이 지역 사대부가의 모습을 볼 수 있고, 특히 조선 중기 건축물의 특징을 잘 보여주는 건축물로 건축사 연구에 좋은 자료가 된다는 평가다. 한때는 안동의 큰 선비들과 교유하면서 예천의 손꼽히는 선비로 이 집을 지켰을 사고종택은 지금은 건물 세 동만 남긴 채 쓸쓸히 서 있었다.

눌헌 이응 공의 16대손인 이의선(80살) 선생은 현재 대문채에서 혼자 외롭게 종택을 지키고 있다. 건강이 좋지 않아 고생을 하면서도 굳건히 종택을 지키는 모습이 참으로 존경스러웠다. 이의선 선생은 지금도 책 읽기를 좋아하여 밤새워 책을 읽을 때가 많다고 한다. 특히 책을 읽다가 의심스러운 부분이 생기면 서울 국립중앙도서관까지 찾아가 자료를 찾아 확인하는 열정을 지니고 있는데 이것은 아마도 조상인 사고 이덕창 공으로부터 내리물림 한 것인지 모른다. 현재 이의선 선생은 종택의 밭들을 놀리지 않고 마을 사람들에게 힘이 닿을 만큼 지어먹으라고 모두 내놓았다고 한다. 고조할아버지 이정기 선생을 닮았음인가?

밥 짓는 연기가 보이지 않도록 한 낮은 굴뚝

사랑채 대청엔 붙었던 〈긍구헌(肯構軒)〉 편액

이의선 선생과 이야기를 나누고 고택을 둘러보기 위해 마당으로 나오니 겨울바람이 몹시 찼다. 현재는 사람이 살지 않는 고택 사랑채로 오르니 부엉이 한 마리가 푸드덕 먼지를 일으키고 날아간다. 안채로 들어서니 퇴락한 건물이 안쓰러울 정도로 옛 영화를 세월의 무게에 내준 채 고즈넉한 모습으로 남아 있다. 요새 그 흔한 종가집 체험 프로그램이라도 했으면 고택이 더 이상 퇴락하지는 않을 텐데 하는 아쉬움을 안고 집 모퉁이로 돌아가 보았다.

거기에는 구례 운조루, 나주 남파고택처럼 나눔을 실천했던 종택에서 흔히 볼 수 있는 낮은 굴뚝이 있다. 밥 짓는 연기가 나면 쌀이 없어 며칠이고 굶주리는 이웃이 속상해 할까봐 굴뚝을 낮췄다는 바로 그 낮은 굴뚝이다. 별좌공 종택도 예외가 아니다. 안채 대청에 〈사고구려(沙皐舊廬: 사고의 옛집)〉, 사랑채 대청엔 〈긍구헌(肯構軒)〉이라고 쓰인 편액이 붙었는데 원본 편액들은 안동 "한국국학진흥원"에 수탁되어 있고, 지금 붙어있는 것은 원본을 본떠 만들어 붙인 것이라고 한다. 상당수의 종택에서 귀중한 편액과 각종 문헌 등을 도둑맞은 것처럼 사고종택에도 많은 문헌들이 사라졌다. 안타까운 일이다.

별좌공 종택을 지키고 있는 종손 이의선 선생

불편한 몸인데도 종택의 철학을 반듯하게 지켜내고 있는 종손 이의선 선생과 작별 인사를 나누고 서울로 올라오면서 선생이 언제까지나 건강하고 밝은 모습으로 사고(沙皐) 종택의 주인 자리를 지켜주길 바라는 마음 간절했다.

도토리죽 쑤어 가난한 이웃을 구휼하다
영양 석계 이시명(장계향)종가

11 영양 석계 이시명(장계향)종가

"백발 늙은이가 병들어 누웠는데
아들을 머나먼 변방으로 떠나보내네
아들을 머나먼 변방으로 떠나보내니
어느 달에나 돌아올 것인가?

백발 늙은이가 병을 지니고 있으니
서산에 지는 해처럼 생명이 위급하네
두 손바닥을 마주 대고서 하늘에 빌었으나
하늘은 어찌 그렇게도 반응이 없는고

백발 늙은이가 병을 무릅쓰고 억지로 일어나니

일어나기도 하고 넘어지기도 하네

지금도 오히려 이와 같은데

아들이 옷자락을 끊고 떠난다면 어찌 할 것인가"

이 시는 조선시대 유일하게 여성군자로 불렸던 장계향 선생이 지은 백발 노인의 딱한 사정을 대변하는 "학발시(鶴髮詩)"라는 제목의 시인데 《정부인 안동장씨 실기》에 있다. 이런 시를 쓴 이는 과연 어떤 분일까? 경북 영양군 석보면 두들마을의 석계 종가를 찾아 가면서 궁금증이 더해갔다. 이 가문의 석계 이시명 선생도 훌륭했지만 석계 선생의 부인인 장계향(張桂香, 貞夫人 安東 張氏 : 1598~1680) 선생 역시 주목하지 않을 수 없는 인물이다.

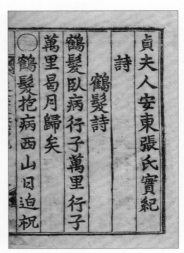

늙은이의 딱한 사정을 표현한 장계향의 시 '학발시'

원래 초가집이었던 것을 기와로 입힌 종택 모습

장계향 선생의 도토리죽 구휼을 확인하기 위해 서둘러 두들마을로 향했다. 공간적으로 서울에서 5시간 넘게 걸려야 하는 먼 거리의 경북 영양이지만 시간적으로는 그 보다 더 먼 340여 년 전으로 거슬러 올라가야 하는 여행인 것이다. 그러나 석계종택에 가서 이돈 (76살) 종손을 만나는 순간 이 여행길이 먼 길이 아니라 내 가슴에 이미 따뜻하게 다가온 가까운 길이었음을 실감한다.

종택에 들어서자 하얀 모시옷을 입고 반기는 이돈 어르신은 군자로서의 품격과 함께 이웃집 할아버지 같은 포근한 인상을 풍기고 있다. 딱히 질문을 할 필요도 없었다. 이돈 어르신이 술술 풀어내는 장계향 선생의 철학에 빠져들어 갔기 때문이다.

석계종택, 여성군자로 더욱 빛을 발한 장계향

장계향 선생은 글씨도 잘 써서 선생이 쓴 초서체는 당대의 서예가인 정윤목도 "기풍과 필체가 호기로워 우리나라 사람의 글씨와는 다르다"고 평할 정도로 어린시절 영특한 소녀였다. 선생은 나이 19살에 석계 이시명과 혼인해 10남매(7남 3녀)를 훌륭히 키워냈는데, 아들 7형제는 학문이 뛰어나 칠현자(七賢者)라는 칭송을 받을 정도였다. 더욱 선생이 훌륭한 것은 석계의 전처소생들도 차별 없이 훌륭한 인품으로 길러냈다는 점이다.

장계향 선생이 혼인할 당시 시집 충효당은 갑자기 들이닥친 석계의 두 형 청계와 우계의 죽음으로 충격과 비탄에 잠겨 집안의 분위기가 암울하기 그지없었다. 더구나 큰 동서 무안 박씨는 곡기를 끊고 남편을 따라 순절할 생각을 하고 있었고, 잇따라 아들을 앞세운 참사로 집안일에 뜻을 잃은 시어머니를 대신해 젊은 안주인으로서 모든 역할과 책임을 지고 가정을 지탱했다.

특히 선생은 석계 전처소생인 여섯 살 배기 상일을 남쪽으로 5리 남짓 떨어진 남경훈 선생 집으로 날마다 업고 다녔던 일화는 유명하다. 이 같은 새 며느리의 모습을 지켜보던 시아버지 이함은 "어미를 잃은 것이 아니고 죽은 어미가 살아 돌아온 것"이라며 동리 이웃들에게 자랑스럽게 이야기했다고 한다. 선생은 3남 갈암 이현일이 이조판서에 오르면서 숙종임금으로부터 정부인 품계를 받아 '정부인 안동장씨'로 불렸다.

2013년 4월 정부표준영정(제91호)으로
지정된 여중군자 장계향 영정

내가 이루지 않은 재산 상속받을 수 없다며 맨몸으로 분가

그러나 선생의 가장 큰 공덕은 역시 구휼이었다. 선생은 처음 영덕군으로 시집을 갔는데 이때 시집은 큰 부자였다. 당시 주위에는 병자호란 등의 난리와 흉년으로 굶어죽는 사람이 늘어만 갔다. 그런 처참함을 두고 볼 수 없었던 선생의 시아버지는 가난한 사람을 구휼하는 일에 정성을 쏟았다. 그러자 장 선생이 시집을 온 뒤 이 구휼사업은 더욱 박차를 가하기 시작한다.

해마다 6천석을 가난한 이를 위해 내놓았을 정도였다. 그야말로 뜻이 맞는 철학을 가진 시아버지와 며느리의 훌륭한 합작이었다. 이때 선생은 곡식을 나눠주면서 "나는 시아버님의 심부름을 할 뿐입니다. 더 많이 못 드려 죄송할 따름입니다."라며 겸손한 모습을 보인 것은 이웃사랑을 실천하는 사람들에게 큰 모범이었다. 그런데 6천석을 푼 뒤 더는 나눠줄 곡식이 없자 집안에 일하는 사람을 모두 풀어 도토리를 주워오게 했고, 이를 죽으로 쑤어 한두 달 동안 하루 300여 명씩을 먹여 살렸다.

더욱 장계향 선생이 돋보이는 것은 시아버지의 죽음 이후 남편과 함께 석보면으로 분가를 했는데 이때 상속을 하지 않았다는 점이다. 분가해 나오면서 시댁 어른들이 오랫동안 이루어놓은 재산을 가지고 나올 수는 없다고 생각했다. 시댁 재산은 남편과 자신의 몫이 아니라고 여겼고 그러한 마음은 이내 실천으로 옮겼다. 요즘 재벌가들이 상속을 위해 온갖 추악한 짓을 저지르는 모습에 견줄 때 상상할 수 없는 일이다. 성인군자가 먼 곳에 있는 것이 아니라 장계향 같은 분이 성인군자요, 그러한 아내의 뜻을 따른 석계 선생 역시 군자 중에 군자였던 것이다.

'배고픔을 즐긴다'는 뜻의 낙기대, 이곳에서 가난한 이들에게 도토리죽을 눠주었다.

두들마을 가난한 이들을 구휼한 도토리나무 숲은 지금도 무성하다

두들마을로 분가한 장 선생은 먼저 집 주변에 도토리나무 숲을 만들었다. 여기에서 거둬들인 도토리로 죽을 쑤어 가난한 이를 구휼하기 위한 작업이었다. 지금도 석계종택 아래 마을에는 그때 심은 도토리나무들이 즐비하다. 도토리나무를 둘러보며 더 아래쪽으로 걸어 내려가면 "낙기대 (樂飢臺)"라는 글씨가 새겨진 바위가 있다. 이곳에서 가난한 이들에게 도토리죽을 나눠주었다고 하는데 왜 하필이면 낙기대일까? "낙기대(樂飢 臺)"라는 말은 글자 그대로 "배고픔을 즐긴다."라는 말이다.

당연히 받을 수 있는 상속을 포기하고 두들마을로 들어온 선생은 평생을 가난하고 어려운 이웃과 더불어 살고자 하는 뜻에서 "낙기대"를 고집하고 아예 자신의 삶을 송두리째 가난과 더불어 살겠다는 각오였던 것이다.

두들마을에는 선생이 살았던 종택이 있다. 이 집은 기와집이지만 원래는 초가집이었다고 한다. 그리고 집의 규모도 그리 크지 않다. 그만큼 정부인 장계향 선생은 검소하게 살며 하나라도 더 이웃에게 베풀려고 온 정성을 쏟았던 분이다.

그런데 이 시대에 더욱 장계향 선생이 돋보이는 것은 동아시아 최초이며, 한글로 쓴 최초의 조리서《음식디미방》을 썼다는 점이다.《음식디미방》은 예부터 전해오거나 선생이 스스로 개발한 음식 등 양반가에서 먹는 각종 특별한 음식들의 조리법을 자세하게 소개했다. 가루음식 조리법과 떡 빚기 그리고 어육류, 각종 술 담그기도 자세히 기록해두었는데 특히 146가지 음식의 요리과정을 구체적으로 설명해 놓은 본격 요리서로서 340여년이 지난 지금도 이 책을 따라서 요리를 할 수 있을 정도로 실용적이다.

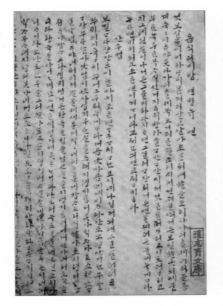

동아시아 최초의 여성조리서 《음식디미방》첫 장(왼쪽)과 '규곤시의방'이라 쓴 표지.
책의 격을 높이기 위해 표지 글씨는 남편 석계 선생이 써주었다.

여중군자 장계향 예절관

요리는 식품화학을 이해한 바탕 위에서 하는 과학의 영역이라고 한다. 특히 요리 전문가들이 평하길 《음식디미방》은 조선시대 중기 요리과학의 수준을 가늠케 해주는 소중한 책이며, 상당히 과학적인 조리법에 따라 씌어졌다고 말하고 있다.

이 책이 소개한 주요 음식들을 보면 석류탕, 연근채, 대구껍질누르미, 꿩지히, 상화편, 빙사과 등 요즈음 들어보지 못하는 음식 이름들이 많이 등장한다. 그밖에도 이 책의 특징은 《음식디미방 주해》를 쓴 경북대 백두현 교수에 따르면 17세기 국어의 모습을 반영하고 있어서 당시의 한국어,

특히 경상북도 북부 방언의 음운, 문법, 어휘 등을 연구할 수 있는 중요한 자료이기도 하다.

현재 경상북도와 영양군에서는 〈음식디미방보존회〉를 만들어 《음식디미방》에 소개된 음식을 복원해서 널리 알리려 노력하고 있다.

할머니의 철학을 널리 알려 함께 사는 세상을 만드는 일에
남은 삶을 바칠 것

종부 조귀분 선생은 뵙지 못했다. 종손은 말한다. "요즘 아내는 나보다 더 유명합니다. 그리고 정말로 바쁩니다." 질투가 아니라 뿌듯함이 배어 있는 말이었다. 340여 년 전 석계 선생과 장계향 선생이 함께 철학을 펼쳤던 것과 같은 모습일까? 석계종택 들머리에는 《음식디미방》체험관이 있다. 장계향 선생으로부터 이어진 귀중한 음식을 종부 조귀분 선생으로부터 체험할 수 있는 것이다.

종손 이돈 선생은 장계향 할머니의 흔적을 남기려 평생을 바쳐 수많은 책을 쓰고 또 쓴다. "할머니께서 쓰신 《음식디미방》은 물론 할머니께서 하신 행적과 철학을 널리 알려 함께 더불어 사는 세상이 되도록 남은 삶을 바칠 생각입니다." 역시 그 할머니에 그 손자다운 모습이다.

언론에서 노블리스 오블리제를 얘기할 때 미국의 워런 버핏을, 자녀교육을 얘기할 때 중국 맹자를 흔히 예로 든다. 그러나 그럴 필요가 없다. 노블리스 오블리제나 자녀교육에 관한 한 워런 버핏이나 맹자보다 더욱 뛰어난 모습을 보여준 훌륭한 장계향 선생이 바로 우리곁에 있기 때문이다. 이돈 선생과의 이야기를 마치고 난 나는 낙기대 앞에서 좀처럼 발걸음이 떨어지지 않았다. 나도 장계향 선생처럼 배고픔을 즐길 수 있을까 싶어서였다.

이시명 종가 종손 이돈 선생

문경현감 시절 본가에서 곡식을 날라다 빈민 구휼
홍성 사운 조중세 종가

문경현감 시절 본가에서 곡식을 날라다 빈민 구휼

홍성 사운 조중세 종가

밤색 두루마기 차림의 단아한 모습으로 마중 나온 조환웅 선생(63)의 집은 야트막한 학성산 아래 고즈넉한 모습으로 늦가을의 정취를 물씬 풍기는 곳에 자리하고 있었다. 요란하지 않은 솟을대문을 들어서니 긴 툇마루의 본채가 이어졌고 다시 중문으로 들어서서야 선생이 손님을 맞이하는 방이 나온다. 안채 마루에는 벽면 가득히 찻잔을 진열해 둔 것으로 보아 예사로운 집이 아님을 느꼈는데 고운 백자 잔에 내놓는 씁쓰름하면서도 향이 그윽한 차를 마시며 무슨 차인가 생각하고 있는데 "개똥쑥으로 만든 특별한 차입니다." 라고 운을 뗀다.

밤색 두루마기 차림의 단아한 모습으로 마중 나온 종손 조환웅 선생

안채 마루에는 벽면 가득히 찻잔을 진열해두었다.

문경현감 시절 본가에서 곡식을 날라다 빈민을 구제하다

조환웅 선생이 지키고 있는 이 집은 얼마 전까지 "홍성 조응식가옥(洪城趙應植家屋)"으로 불렸는데 이는 중요민속자료 제198호로 지정될 당시의 집주인의 이름을 딴 것이다. 하지만 요즘은 조환웅 선생의 고조할아버지인 사운 조중세(士雲 趙重世 : 1847~1898) 선생의 호를 따서 "사운고택(士雲故宅)"으로 바뀌었다. 이 집의 또 다른 이름은 "우화정(雨花亭)"이라고도 불리는데 "꽃비가 내리는 정자"라는 뜻으로 듣기만 해도 아름다운 이름이다.

"나눔의 철학을 찾아오셨다고 하셨죠? 정말 그렇습니다. 종가가 오랫동안 이어져 내려오려면 나눔을 실천하지 않고서야 가능할까요? 크든 작든 간에 이웃과 더불어 나눔의 삶을 실천하는 것은 매우 중요한 일이라고 봅니다. 우리 종가는 특히 조중세 할아버님 얘기가 회자됩니다."

홍성에 양주 조씨가 첫발을 디딘 것은 중추첨지부사 조태벽(1645~1719) 공께서 이곳에 자리한데서 유래한다. 조태벽 공은 충정공 조계원(1592~1670)의 손자다. 조계원은 백사 이항복의 문인으로 인조의 계비인 장열왕후의 작은 아버지다.

조중세(趙重世) 선생의 문경현감 시절(1890~1892) 백성을 구휼한 이야기는 유명하다. 문경은 원래 농토가 적은 산골이어서 기근이 들면 굶어 죽는 사람이 부지기수였다. 더구나 기근이 들면 자체적으로 구휼미를 조달할 방법이 없는 가난한 고을이기에 조중세 현감은 자신의 본가인 홍성에서 곡식을 날라다 가난한 이들을 구휼한 것이다. 이에 문경 사람들은 조중세 현감의 고마움에 공적비를 세웠다고 전해진다.

뿐만 아니라 선생은 1894년(고종 31) 홍주의병이 일어나자 239말의 곡식을 군량미로 아낌없이 내놓았다. 구한말 어수선한 나라 정세에서 의병을 위해 선뜻 곳간의 빗장을 푼다는 것은 조중세 선생이 아니고는 실천하기 어려운 일이다.

사운고택 전경

조중세 선생의 그러한 나눔의 정신은 다음 대에도 이어졌는데 1930년 동아일보 기사에는 조원대(趙源大) 선생이 이순신장군 묘역 성역화사업에 성금을 내놓았다는 기사가 나온다. 일제강점기 당시 성금을 내놓기가 쉽지 않을 텐데 조원대 선생은 선대의 뒤를 이어 나눔을 실천 한 것이었다.

조환웅 선생은 조심스럽게 조상들의 이야기를 이어갔다. 특히 이 집은 6·25 한국전쟁 때 피난 간 아버지 대신에 할머니가 집을 지켰는데 피해를 거의 입지 않았다고 한다. 그 까닭은 할머니께서 평상시에 가난한 이웃에게 곡식을 나누고 마을에 산모라도 생기면 반드시 쌀과 미역을 보내는 등 온정을 베풀었기 때문이다. 그래서 후손들이 이를 기리고자 할머니가 사시던 방에 "보현당(寶賢堂)"이라는 당호를 붙였다.

"베풂의 역사를 가슴에 새기자"
조응식 선생, 동생들과 뒷동산에서 부르고 또 불러

"학성산 정기로 반계천 맑은물 (가운데 줄임) 검소와 근면을 행동에 옮기며 내고향 일구자 (가운데 줄임) 베풂의 역사를 가슴에 새기며(아래 줄임)" 이 시는 홍성농업학교를 졸업하고 초등학교 교사로 한평생을 살면서 농촌 부흥을 꿈꾸던 조환웅 선생의 아버지 조응식(趙應植 : 1929~

2010) 선생이 지은 노래 "용진가"다. 사운고택(士雲故宅) 솟을대문에 들어서기 전 개울가 자그마한 크기의 빗돌에 새겨진 것이다.

용진가를 새겨 넣은 빗돌

이 노랫말의 의미는 양주 조씨 집안의 자긍심을 높이기 위함은 물론이고 "선비 역사를 지니고 베풂을 실천하며, 전통을 지켜내자."라는 뜻이란다.

조중세 선생을 비롯한 조상들이 터를 잡은 이곳 충남 홍성 고미당마을은 학성산 아래 반계천이 흐르는 전형적인 배산임수 지형이다. 그러나 지금은 반계천이 "무한천"으로 잘못 불리고 있는데 조환웅 선생은 향토사학자로 잘못된 땅이름을 바로 잡는 운동을 하고 있다.

반계천 뿐만이 아니다. 특히 이 마을은 백제가 패망한 뒤 의자왕의 아들 풍과 부흥군이 660년 이후 3년 동안 머물렀던 주류성이 고택 바로 뒤편에 있어서 원래 고을 이름이 "얼방면(斈方面)"이었는데 현재는 그 이름이 흔적도 없이 사라져 그 이름이라도 기억하고 싶어 고택 안사랑채(안사람들의 손님이 왔을 때 머물 수 있도록 한 집)에는 "얼방원(斈方垣)"을, 대문에는 "얼방문(斈方門)"이란 편액을 붙여놓았다.

고택 안사랑채에는 "얼방원(斈方垣)"이란 편액을 붙여놓았다.

여기서 "얼(斈)"이란 글자는 중국 옥편에는 없는 새로 만든 글자로 임금이 있었던 곳이라는 뜻이라고 한다. 우리가 흔히 쓰는 얼과 혼이라는 말 가운데 얼이 이에 해당하는 말로 이는 백제의 혼이자 곧 겨레의 혼을 이야기 하는 것이다. 조환웅 선생 같은 분이 얼과 혼을 지키는 한 언젠가는 이곳이 백제부흥군의 본거지로 복원될 거라는 생각이 든다. "얼방문(斈方門)" 앞에서 힘찬 목소리로 설명하는 향토사학자 조환웅 선생의 향토애가 절절이 느껴졌다.

한글로 쓴 조리서 《음식방문니라》펴낸 증조할머니 전의이씨

이 종가에는 귀한 책이 한 권 전해온다. 바로 순 한글로 쓴 조리서《음식 방문니라》가 그것인데 조환웅 선생의 증조할머니인 숙부인 전의이씨가 쓴 책이다. 책을 본 나는 깜짝 놀랐다. 얼마 전 경북 영양 서계종택에서 본《음식디미방》과 비슷했기 때문이다. 다만《음식디미방》은 제법 알려 졌고《음식방문니라》는 아직 덜 알려졌다는 차이만 있을 뿐이다.

이 책은《음식방문(飮食方文)》곧 "음식을 만드는 법을 적은 글"이란 뜻 이다. 책에 신묘년 2월 초4일에 필사가 끝났음을 알리는 내용이 있는데 서울대 국어국문학과 송철의 교수에 따르면 이 책이 19세기말 국어 표기 법을 잘 보여준다고 한다.

책의 내용을 살펴보면 화향입주법, 두견주법, 소국주법, 송순주법, 신묘 향법 같은 술빚기와 두텁떡법, 혼돈병법, 복영도화고법, 신검채단자, 석 탄병법 같은 떡 만들기 그리고 진주좌반연법, 승기약탕법, 삼합미음법, 증구법(개찜), 동화석박지법 같은 요리와 반찬 만들기 등이 설명돼 있다.

여기서 한 가지 "화향입주법(花香入酒法)"을 보면 "국화가 활짝 필 때 술 이 한 말이거든 꽃 두 되를 주머니에 넣어 술독 속에 매달아 두면 향내가 가득하니 꽃은 매화와 연꽃 등 향기가 있고 독이 없는 꽃을 이 법으로 하 되 꽃을 많이 술 위에 뿌려야 좋으니라. 유자는 술맛이 쓸 것이니 술독에

넣지 말고 유자 껍질을 주머니에 넣어 매달고 술독을 단단히 덮어 두면 향기가 기이하니라."라고 기록되어 있다.

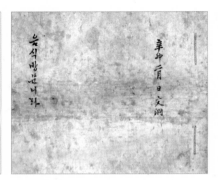

조환웅 선생의 증조할머니인 숙부인 전의이씨가 쓴 《음식방문니라》

사운고택에 가향주로 전해 내려오던 송순주는 산업화 때 밀주단속을 하는 바람에 맥이 끊겼다고 하는데 송순주에는 "솔순을 무수히 씻어 잠깐 삶아 솔향기가 없어지게 하지 말고 밥과 솔순이 얼음 같이 식은 뒤 넣어라"하는 설명 등 세 가지 빚는 법이 소개돼 있어서 다시 그 맥을 살리는 것도 고려해볼 일이라는 생각이 들었다. 경상도에 《음식디미방》이 있다면 충청도에 《음식방문니라》가 있어 조선의 요리서로 쌍벽을 이루고 있다.

요즈음은 손수 찻잔을 내놓고 차 한 잔 대접하는 문화를 보기가 어려운데 사운고택의 종손 조환웅 선생은 손수 찻잔에 그윽한 차를 따라주며 이야기를 꺼내는 모습이 마치 오랜 지기처럼 편하게 느껴졌다.

이 넓은 고택을 지키며 사는 철학을 묻자, "고택에 관람객들이 오면 관광지도 아닌데 대부분 집만 구경하고 갑니다. 사실은 이 종가가 이어져 내려오기까지의 철학이 더 중요할 텐데도 말입니다. 오시는 분들이 외적인 문화보다는 내적인 문화를 체험해주었으면 하는 바람입니다. 그러기 위해서 저는 언제나 문을 열고 열린 마음으로 사람들을 맞이하고 있지요." 라며 환하게 웃는다.

그러면서 선생은 종가를 잇고 고택을 건사해나가는 일이 만만치는 않다고 고백한다. "20년 전 처음 내려왔을 때는 일하는 것이 참 힘들었습니다. 그러나 내가 지켜야지 누가 지키겠나하는 생각으로 즐겁게 일을 합니다."라면서 고택 옆에 경영하고 있는 농장 이름을 아예 "즐거운 농장"이라고 지었다고 한다.

"앞으로 점점 고택을 보존하기가 어려워질 것 같아 여기 계속 사는 조건으로 재산을 문화유산국민신탁에 기증하려는 생각을 하고 있습니다. 혹시 아들 대에 가서라도 살림이 어려워져 담보 대출 등을 받아 처분이라도 하는 날이면 종가를 이어오신 선조를 뵐 면목이 없을까 해서지요."

기와조각으로 천하태평과 건곤감리를 새긴 사랑채 벽면

그렇다. 종가를 잇는다는 것이 그리 쉬운 일은 아닐 것이다. 더구나 나눔
을 실천했던 조상의 뜻을 계승한다는 것은 더욱 어려운 일일 것이다. 특
히 향토사학자로서 자부심을 가지고 백제 부흥군에 대해 조명해나가면서
잘못된 땅이름을 되찾고 바로잡는 일에도 앞장 서는 종손의 모습이 한없
이 존경스러웠다.

사방 100 리 안에 굶어 죽는 사람이 없게 하라
경주 최부잣집 문파 최준 종가

사방 100 리 안에 굶어 죽는 사람이 없게 하라

경주 최부잣집 문파 최준 종가

한국사람 치고 경주 최부잣집을 모르는 사람은 없다. 문파 최준(汶坡 崔浚 : 1884~1970)선생이 나눔을 실천한 경주 최부잣집은 한국 종가 가운데서도 나눔을 실천한 대표적인 종가로 꼽힌다. 하지만, 최부잣집을 아는 사람들도 진정 그 속내를 잘 아는 사람은 드물다. 그래서 좀 더 깊이 있는 나눔의 삶을 확인하기로 했다. 그런데 이곳의 글을 쓰려면 경주와 서울 두 곳을 찾아야만 한다.

원래 최부잣집 종택은 경주시 교동에 있으며, 주손(이 종가는 특히 종손이 아니라 주손이라 한다) 최염(81살) 선생은 수도권에 살고 있고, 서울 종로구 운니동에 사무실(경주최씨중앙종친회 회장)이 있어서 그럴 수밖에 없다.

경주 최부잣집 종택

예전 관가에서나 볼 수 있었던 등대

먼저 종택을 찾아 사진을 찍고 종택을 관리하고 있는 최용부 선생을 찾아보기로 했다. 찾아간 날은 여름 기운이 완연한 6월 1일이었다. 미리 약속을 하고 내려 간 터라 반갑게 맞아주는 최용부 선생은 자신을 종택 관리인이면서 경주관광지킴이로 소개한다. 경주를 아끼는 시민으로 경주 관광의 문제점을 조목조목 짚어 고쳐나가도록 언론기고 등의 활동을 하고 있다. 경주사랑 정신과 시민의식이 없으면 불가능한 일이다.

"이곳에는 하루 관람객 천여 명이 옵니다. 전에 견주어 배 정도 늘었는데 그것은 이곳 옆 문천(蚊川)에 놓였던 월정교(月淨橋, 통일신라시대 다리) 복원과 교촌한옥마을 조성 덕분이지요. 이제 '경주최부자아카데미'가 거의 마무리되어 가는데 그것이 완공되면 더 많은 사람이 이곳을 찾을 것입니다."

최부잣집을 찾는 사람이 점점 늘고 있다는 말에 귀가 솔깃해졌다.

"불국사나 석굴암은 역사유적으로 그 가치가 크지만 그저 보고 갈 뿐입니다. 그러나 이곳은 느끼고 가야하는 곳이기에 그 의미는 자못 크겠지요. 이제 최부자 정신을 더 깊이 알릴 '경주최부자아카데미'는 그런 느낌을 더욱 증폭시켜주지 않을까요?

얼마 전 포스코는 사내 교육에서 '경주 최부자를 알자'라는 주제로 삼았다고 합니다. 나는 대학에서 경영학을 전공했는데 최부잣집 가훈이 기업 경영 기법과 일치함을 확인했습니다. 예를 들면 '며느리가 시집오면 삼년 동안 무명옷을 입으라'고 했다는 것은 바로 원가절감이 아닐까요? 그밖에도 가훈에는 노무관리, 생산관리 등이 그대로 들어 있습니다."

최용부 선생은 유타대학교 대학원장이 와서 보고는 최부잣집 가훈은 기업경영과 밀접한 관계가 있음을 인정했다는 말과 관람객이 나가면서 "이 정신은 기업 총수들이 알아야 한다."라 했고, 한 경주시민은 "그동안 경주는 불국사, 석굴암만 알지만, 왜 최부잣집을 이용하지 않느냐?"며 안타까워했다는 말까지 전했다. 최 선생은 최부잣집 가훈에 푹 빠진 듯 했다. 아니나 다를까 결국 "이곳에서 7년을 근무하면서 가훈의 중요성을 강조하다보니 근검절약 같은 정신에 스스로 최면이 됩니다. 나아가 최면에서 동화까지 이어진다고 할까요?"라는 말까지 했다.

섬돌 밑으로 낸 수평굴뚝

종택을 골고루 돌아보면서 사진을 찍는데 연신 관람객들은 몰려든다. 저 많은 사람들이 이 종가의 철학을 제대로 이해하고 있을까? 최부잣집의 정신을 드러내는 집 구조가 하나 보인다. 구례 운조루에서 보았던 섬돌 밑으로 낸 수평굴뚝이다. 밥 짓는 연기가 끼니를 잇지 못하는 가난한 이들에게 상처가 될까봐 연기가 아래로 가게 만든 기막힌 나눔의 구조이다.

경주 교동의 최부잣집을 둘러보고 온 며칠 뒤 주손 최염 선생을 서울 경주최씨중앙종친회 사무실로 찾아뵈었다. 연세가 81살이라는 게 믿겨지지 않을 만큼 정정하면서도 온화한 모습으로 맞이해준다.

경주 최부잣집 주손 최염 선생

뵙자마자 요 앞전에 안동 임청각을 다녀왔다고 말씀드렸더니 임청각과의 인연 이야기를 먼저 꺼낸다.

"내가 아는 한 언론인이 전에 임청각을 취재했을 때 임청각 종손이 했다는 증언을 들려주었습니다. 석주 이상룡 선생이 집문서를 담보로 잡고 최준 할아버님께 독립자금을 빌려갔는데 나중에 어려워져 집을 팔려고 했답니다. 그런데 당시 할아버님은 집문서를 찢으면서 없던 일로 했다는 것이에요. 나는 선대 어른들이 나라를 구하기 위해 한 마음으로 뭉쳤으니까 후손들도 한 마음으로 왕래해야 할 것이라며 그 언론인에게 같이 가자고 했어요."

아 어찌 감동스러운 일이 아닐까? 그런데 주손 최 선생은 할아버지 최준 선생도 독립자금을 댔다는 얘기를 해준다.

"무역회사 백산상회를 통해서 상품을 보내 돈이 되면 상해임시정부로 보냈습니다. 그때 부동산을 팔아서 독립자금을 대면 눈이 벌겠던 일제에 걸려들 수밖에 없기 때문에 지금 기업들이 자금을 외국으로 빼돌리는 것처럼 했던 것이지요. 이때 백산상회는 식산은행에서 담보로 대출을 받아 독립자금을 보냈는데 대출금이 담보금을 넘어가자 경매처분을 해야 할 정도가 되었지요. 하지만 총독부에서 최부잣집을 망하게 하면 문제가 심각해지니까 대신 장기분할상환으로 하도록 말렸다고 합니다."

최준 선생은 나눔 실천은 물론 상해
대한민국임시정부에 독립자금도 댔다.

그렇다. 석주 선생처럼 만주로 떠났다면 모를까 나라 안에서 독립자금을
대려면 그렇게 할 수밖에 없었으리라. 그런데 '이렇게 식산은행이 최부
잣집을 봐준 것은 친일을 했기 때문에 그런 것이다.'라는 의혹이 일었다.
하지만, 해방 뒤 백범 선생이 이를 해명해주어 분명히 독립자금을 댄 것
이지 친일을 하지 않았음을 확인해주었다고 한다.

선생은 말한다. 그때 이미 이 재산은 내 것이 아니라는 생각이 있었기에
나중에 교육사업에 모두 내놓을 수 있었을 것이라고...

문제는 재산을 모두 내놔 시작된 교육사업이 개인 수중에 들어간 것은 이해할 수 없다고 했다. 최준 할아버님과 지역의 유지들이 하나 되어 시작한 교육사업이 결국 박정희 전 대통령이 교주(校主, 선생은 설립자도 아닌 사람이 없던 용어까지 만들었다고 강조했다.)가 되면서 할아버지의 뜻이 망가졌다는 생각 때문이다.

"그런데 최부잣집이 부자가 된 사연은 어떤 것인가요?"

나의 질문에 주손은 거침없이 말한다.

"처음엔 그렇게 부자가 아니었습니다. 그런데 국자 선자 10대 할아버지께서는 농사를 지을 수 없는 거친 땅을 개척하여 재산을 늘렸고, 또 이앙법을 새롭게 도입 이모작을 함으로써 또한 재산을 늘렸지요. 게다가 당시는 섣달만 되면 양식이 떨어져서 가난한 이들은 장리를 얻어 살아갈 수밖에 없었는데 그때 여유분의 곡식으로 장리를 놓았던 것도 한몫을 했습니다.

그 뒤 명화적패(햇불을 들고 도적질을 하던 패거리) 공격을 받은 뒤 혼자 부자 되려고 한다고 부자 되는 것이 아님을 자각하고, 소작료를 반으로 낮췄는데 이에 주변 지주들의 항의를 받았습니다. 하지만, 이때 급하게 땅을 팔려는 사람의 정보를 할아버지에게만 가져오면 그 사람에게 역시 소작료를 반만 받으니 모두가 할아버지에게만 정보를 가져왔고, 결국 이 때 급격히 재산이 늘어난 것입니다."

주손은 이에 한 가지 덧붙였는데 가훈으로 수확량이 만석이 넘지 않도록 했기 때문에 만석에 다다를 것 같으면 소작료를 더 낮췄다고 했다. 또 요즘으로 치면 "적대적 M&A" 곧 상대방의 약점을 이용해서 치부하는 것을 하지 않았기에 오히려 부자가 될 수 있었다고 굳게 믿고 있었다.

"흔히 부자들은 수단방법을 가리지 않고 부를 축적하지만 이는 우리 종가에서는 있을 수 없는 일이었습니다. 정직하게 돈을 버는 것은 우선 단기적으로 볼 때는 손해일지 모르지만 장기적으론 훨씬 큰 이익임을 우리 집안은 확신한 것이지요."

최근 한국학중앙연구원은 정무공 종가의 고문헌 3,000여 점을 기탁 받아 분석한 결과 △노비나 소작인의 빚 탕감 청원에 답하는 문서 △병자호란에서 전사한 충노(忠奴)를 표창해 달라는 요청서 △노비 반란을 겪은 뒤 타협책을 찾는 과정을 보여주는 문서 등 한국의 노블리스 오블리제 발전사 연구에 귀중한 고문헌 수십 점을 찾았다고 밝혔다.

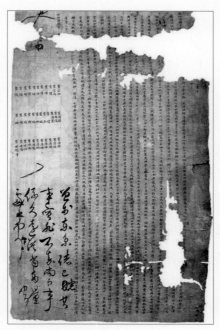

전사노비표창 요청 상서

"이 몸이 이 고장에 흘러 들어와 땅 없이 빌어먹다가 서원에서 살게 해주
어 서원의 종이 되었습니다. 서원의 별고(別庫·별도의 창고)에서 장리
(長利·통상 연 5할의 이자) 벼 1석을 받아먹고 원금 1석은 그해 서원에
납부했으나 나머지 7두 5승은 아직 납부하지 못했습니다. 이러한 사유를
헤아리신 뒤 빚을 깎아주시기 바랍니다."

위는 이번에 한국학중앙연구원이 내놓은 고문서 가운데 하나에서 나온
내용으로 1710년 경주 용산서원에서 일하던 노비가 원장에게 올린 청원
서의 일부다. 용산서원은 경주 최씨 중시조인 최진립의 위패를 모셔놓고

직접 운영한 서원이다. 원장은 이 청원에 "형세가 대단히 가련하므로 빚을 탕감해준다"고 결정했다. 이 서원은 일종의 조사위원회인 '사핵소(査覈所)'를 만들어 빚 진 사람이 빚을 갚지 못하는 까닭이 타당하면 빚을 깎아줬다. 나라가 아닌 서원에서 제도적으로 가난한 이들을 구한 셈이다.

지금도 구전되는 '마당쓸기'와 관계된 일화는 요즘같이 각박한 세상에 뜻하는 바가 크다. 곧 최부잣집은 마을에서 누군가 양식이 떨어지면 이른 새벽에 최부잣집에 가서 마당을 쓸고 돌아갔다고 한다. 그러면 최부잣집에서 누가 마당을 쓸었는지 은밀하게 알아내 먹을 양식을 보냈다. 가난한 살림이지만 양식 얻기가 어려웠던 가장의 체면도 살리고, 자존심도 상하지 않게 도울 수 있는 방법이었다.

경주 최부잣집이 자리한 곳은 명당이라고 한다. 하지만, 한 명당 연구가는 음택(묘지)은 여러 대를 가지만 양택(집)은 당대에 그 복이 그친다고 했다. 다만 스스로 복을 지으면 그 기운은 여러 대 동안 끊이지 않는데 이 경주 최부잣집이야말로 그 대표적인 집이다.

최부잣집 사랑채

곡식 600가마를 채울 정도의 곳간

이 종가의 다음과 같은 가훈은 최부잣집이 어떻게 복을 지어왔는지를 잘 보여주고 있다.

1. 절대 진사 이상의 벼슬을 하지 말라
2. 재산은 1년에 1만석 이상 모으지 말라
3. 나그네를 후하게 대접하라
4. 흉년에는 남의 논, 밭을 매입하지 말라
5. 가문의 며느리들이 시집오면 3년 동안 무명옷을 입혀라
6. 사방 100 리 안에 굶어 죽는 사람이 없게 하라

최염 주손을 만나고 나오면서 승강기까지 배웅 나와 따뜻하게 손을 잡아주는 모습에서 훈훈한 이웃 할아버지 같은 느낌을 받았다. 오랫동안 이어왔던 나눔의 정신이 배어 있음인가? 철학을 가진 종가의 주손을 만나고 돌아오는 길은 그래서 더욱 뿌듯했다.

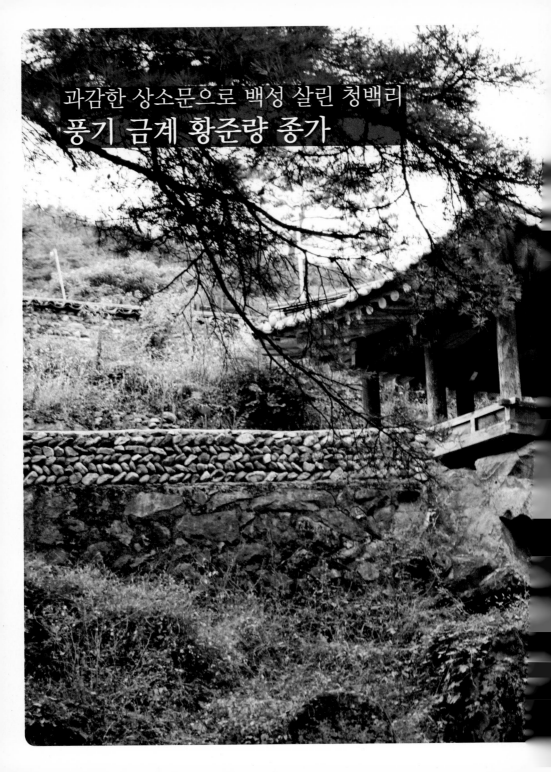

과감한 상소문으로 백성 살린 청백리
풍기 금계 황준량 종가

과감한 상소문으로 백성 살린 청백리

풍기 금계 황준량 종가

"삼면이 산으로 막혀 있고 한 쪽은 큰 강이 흐르고 있는데 우거진 잡초와 험한 바위 사이에 있는 마을 집들은 모두 나무껍질로 기와를 대신하고 띠풀을 엮어 벽을 삼았으며 논밭은 본래 척박해서 물난리와 가뭄이 가장 먼저 들기 때문에 사람들이 모두 흩어져 항산(恒産, 늘 있는 수입)을 가진 사람이 하나도 없습니다. (가운데 줄임) 그래서 풍년이 들어도 반쯤은 콩을 먹어야 하는 실정이고 흉년이 들면 도토리를 주워 모아야 연명할 수 있습니다."

이는 조선 중기의 문신이며, 학자인 금계 황준량(錦溪 黃俊良 : 1517~1563) 선생이 단양군수로 부임하였을 때, 거의 파산 상태의 고을을 다시 일으키고자 임금에게 올린 진폐소의 일부이다.

그의 글은 이어진다. "그리하여 역사(役事)를 못하고 도망한 사람이 있으면 그 사람의 일족과 인근 이웃에 책임을 분담시켜 부세를 징수하려고 하니 이들이 어떻게 배를 채우고 몸을 감쌀 수가 있겠습니까. 이는 물고기를 끓는 솥에서 키우고 새를 불타는 숲에 깃들게 하는 것과 다름없습니다. 아무리 자애로운 부모라도 자식을 잡기 어려운데 임금이 어떻게 백성을 끌어안을 수 있겠습니까.

지극히 어리석고 미천한 사람이 아둔한 소견을 두서없이 함부로 말씀드렸으니 그 죄 여러 번 죽어 마땅합니다. 그렇지만 임금을 위하고 나라를 걱정하는 정성만은 알아주시옵소서. 한 고을의 폐단을 말씀드렸으나 다른 곳도 미루어 짐작하소서."

어떻게 보면 임금의 비위를 건드릴 수 있고, 그로 인해 벌을 받을 수도 있는 상소문을 금계 선생은 과감히 썼다. 이 상소를 두고 나중에 영의정에까지 이른 윤원형은 단양 고을만 잡역(雜役) 면제의 특혜를 줄 수 없다고 반대했다.

금계 선생의 철학과 청빈한 삶이 그려진 금계집

하지만 선생은 슬기로운 사람이었다. 상소문에서 선생은 먼저 현실적으로 채택할 수 없는 이상론을 펼친 다음 가장 문제가 되는 10가지 항목을 구체적으로 들었다. 이것은 하나하나가 모두 백성들을 고통으로 몰아넣었던 항목이었던 것이다. 목재, 종이, 산짐승, 약재, 꿀 등과 관련된 열 가지의 폐단을 일일이 나열하며 그것을 없애줄 것을 간곡히 청했다. 조정에서는 선생의 이런 치밀한 의도에 열거하는 10가지 항목을 받아들여야만 했다. 백성 사랑이 투철했던 작은 고을 수령의 지혜와 4,800여 자의 명문장은 임금을 감동시켰다. 임금은 "아뢴 대로 하라"는 전교를 내리기에 이른다.

선생은 "관(官)은 백성을 근본으로 삼는 법이거늘, 그들을 이 지경으로 버려두고서야 관은 있어서 무엇 하랴!"고 절규했다고 한다.

이 상소문은 요즘 사람들이 읽어도 가슴을 울리게 한다. 450여 년 전과 견주었을 때 우리 농촌의 현실은 별반 나아진 것이 없어 보인다. 그런데 지금 우리의 목민관들은 금계 선생을 따를만한 사람이 과연 있을까?

퇴계가 행장과 제문을 쓸 정도의 학문과 인품

"(앞줄임) 나 황(滉)이 공(公)을 농암선생의 문하에서 처음으로 알게 되어서부터 서로 함께 놀고 따르기를 가장 오래하며 친밀히 하였는데 우둔하여 들은 바가 없었던 나로서 공으로부터 깨우친 점이 많았다.

공이 물러나서 돌아오면 실로 서로 내왕하며 옛날의 정을 다시 가꾸자는 언약(言約)이 있었으나 공은 항상 내가 늙고 병이 들어 몸을 보존하기 어려운 것을 염려하였다. 그런데 어찌 오늘날 늙고 병든 자는 세상에 남아 있고 오히려 강건한 나이에 있던 공의 죽음을 슬퍼할 줄 알았으리요. 공의 언행은 쓸 것이 많으나 다 감히 기록하지 못하고 오직 그 큰 것만을 위와 같이 추려서 쓴다.(뒷줄임)"

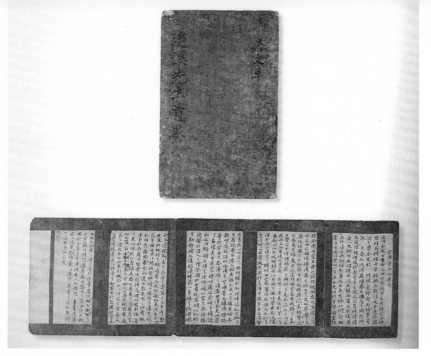

퇴계 선생이 금계의 죽음을 슬퍼하며 지은 친필 제문

위 글은 조선시대 대학자로 이름난 퇴계 이황이 금계 황준량 선생을 위해 쓴 행장의 일부이다. 퇴계는 평생 명종 임금, 정암 조광조, 자신의 아버지, 농암 이현보, 회재 이언적, 충재 권벌, 그리고 금계 황준량 등 단 7명만 행장을 써주었다고 한다.

스승보다 먼저 47살로 세상을 떠난 그를 기려 퇴계는 제문을 지어 애도했고 행장을 써서 그의 삶을 정리했으며, 그가 남긴 글을 교열해 문집으로 엮었을 뿐 아니라 관상명정(棺上銘旌, 관(棺) 위에 씌우는 명정—명정은 죽은 사람의 관직과 성씨 따위를 적은 기. 일정한 크기의 긴 옷감에 보통 다홍 바탕에 흰 글씨로 쓰며, 장사 지낼 때 상여 앞에서 들고 간 뒤에 널 위에 펴 묻는다.)에 "선생(先生)"이라고 썼다. 이는 퇴계에 의해 "세상을 밝힌 유학자"로서의 지위를 인정받았음을 뜻한다.

또 영남 지역에 "영유소고(榮有嘯皐)요 풍유금계(豊有錦溪)"라는 문자가 있다. 이는 "영주에는 소고 박승임이 있고 풍기에는 금계 황준량이 있다"는 말인데, 퇴계 선생보다 16살이나 나이가 어린 동갑나기인 두 사람은 영주와 풍기를 대표하는 학자라는 뜻이다. 그 정도로 인정받는 학자였으며, 금계는 더욱이나 퇴계 선생을 모신 욱양서원(郁陽書院)에 같이 모셔질 정도였다.

단양 향교에 있는 금계 황준량의 선정비

염습할 옷감이 없을 정도로 청빈한 삶

요즘 공직자들은 공직을 그만 둔 뒤에 꼭 뒷소리를 듣는 사람이 많다. 심지어 역대 대통령들이 대부분 뇌물과 횡령, 배임죄에서 자유스럽지 못하기까지 한다. 그런데 선생은 그가 퇴임 이후 죽었을 때 20여 년의 벼슬에도, 염습(殮襲, 죽은 사람의 몸을 씻은 뒤에 수의를 입히고 염포로 묶는 일)에 쓸 만한 옷감이 없었고, 널에 채울 옷가지가 없었다고 할 정도로 청빈한 삶을 살았다.

선생은 무엇이든지 생기면 부모께 드리고 형제와 나누었다 하며, 백성의 고통을 함께 나누었으니 염습할 옷감이 있을 리 만무하다.

후손이 간신히 마무리한 작고 소박한 모습의 금양정사(錦陽精舍)

금계 선생이 학문을 닦던 금선정

맑은 물과 오래된 소나무의 금선계곡

대개 종택이라고 하면 번듯한 본채에 사랑채를 포함한 몇 동의 기와집이 있게 마련이지만 금계 종택은 다르다. 지난 번 찾아갔던 충남 서천 이하복 종택이 초가집인 것처럼 금계 선생 집 역시 내세울 만한 변변한 집이 없다. 지금 자리한 금계 종택은 기와가 아닌 요즘 식의 집 한 채와 그나마도 좀 떨어진 곳에 금계선생이 짓다 말고 돌아가시자 후손이 간신히 마무리한 작고 소박한 모습의 금양정사(錦陽精舍)가 있을 뿐이다. 선생의 청빈한 삶이 그대로 피부에 느껴진다.

종택 아래 개울에는 금선정(錦仙亭)이란 정자가 있다. 금선정은 금계 선생이 학문을 닦던 곳으로 선생이 세상을 뜬 뒤 풍기군수 송징계(宋徵啓)가 절벽에 "금선대(錦仙臺)"라 새기고, 정조 5년에 풍기군수 이한일이 정자를 지어 금선정이라 하였다. 정면 2칸, 측면 2칸의 소박한 정자이다. 전통건축물이 다 그렇듯 자연 조건에 맞춰 세워 기둥 길이가 들쭉날쭉한데 이곳에서 금계 선생은 학문을 연마하면서 훗날 관리의 신분임에도 재물에 욕심을 일으키지 않은 청빈의 삶을 실천하는 바탕을 마련한 것이다.

이름이 금선계곡(錦仙溪谷)인 개울과 금선정은 신선이 놀았을 법한 선계(仙界)다. 몇 백 년 된 소나무가 우거졌고, 맑은 물이 흐르는 곳에 서니 사방에 들리는 것은 솔바람 소리와 물소리 그리고 새소리뿐이다. 이처럼 고요한 곳에서 고요한 마음을 닦았을 선생을 생각하니 나뭇잎 살랑대는 소리조차 예사로 느껴지지 않는다.

후손들 마을 사람들 위해 땅 내놔 길을 내게 했다
농민작가 조준호 씨 소설 《목민관 황준량》을 펴내

"농민과 서민은 부도지경에 처해 살길이 막막한데 정치권은 대권욕에 아귀다툼을 벌이고 졸부들은 명품 구입에 열을 올리는 현실이 개탄스러워 역사 속에서 진정한 목민관을 소개, 경종을 울리고자 했습니다. 황준량 같은 목민관이 다시 나타나 농민들의 근심걱정을 해결해 주었으면 얼마나 좋겠습니까?"

버섯재배 농민 충북 단양군 단성면 조순호(58살)씨는 지난 2002년 틈틈이 쓴 원고를 모아 소설 '목민관 황준량'을 내 화제가 됐었다. 농민작가 조 씨는 소설을 통해 금계 선생을 조선왕조 500년을 통틀어 으뜸가는 청빈한 관리로 그리고 있다. 그는 말한다. 단양출신의 유명한 역사 인물인 삼봉 정도전과 군수를 지낸 퇴계 선생 등도 기념비가 없는데, 단양 향교에 이름이 알려지지 않은 '황준량 선정비'가 있어 이를 이상히 여기고 조사한 것이 소설을 쓰게 된 계기라고 말한다. 그렇게 금계 선생은 농민이 감동을 받아 소설을 쓸 정도로 백성을 끔찍이 사랑한 목민관이었다.
선생의 백성 사랑이 후손에게 전해진 까닭일까? 종택 앞과 개울 건너편 300미터의 길은 선생의 후손들이 땅을 내놓아 낸 것이라 한다. 사용료는 물론 땅값을 한 푼도 받지 않았다.

종손 황재천(黃載天) 선생은 지금 용인에 사는데 대학 강단에 출강하며, 오래된 소형차를 스스럼없이 탈 정도로 검소하게 살아간다. 종택에 내려가 살아야지 하면서도 쉽게 안 된다며 계면쩍어 한다. 언젠가는 금계 선생처럼 금선정에서 책을 벗하며, 후학을 가르치는 종손을 보게 될 날도 머지않았으리라는 생각이 든다.

풍기 황준량 종가 종손 황재천 선생

종손 황재천 선생은 이야기를 마치자 풍기 지방의 명물이라며 능이버섯 칼국수를 대접했다. 그리고 서울행 고속버스가 떠날 때까지 서서 손을 흔들어 주었다. 금계 선생처럼 이웃을 사랑하는 따뜻한 마음을 종손도 간직하고 있음이라. 나도 다시 금선정에 내려가 금계 선생의 훌륭한 철학을 가슴에 새기고야 말 것이란 다짐을 해본다.

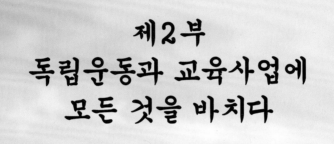

제2부
독립운동과 교육사업에
모든 것을 바치다

안동에 동창학교 세우고 만주에선
신흥무관학교 세워
안동 백하 김대락 종가

안동에 동창학교 세우고 만주에선 신흥무관학교 세워

안동 백하 김대락 종가

종가

"금옥(金玉)같은 우리 민족 적의 노예(奴隸) 되단말가
용봉(龍鳳)같은 당당사부(堂堂士夫) 적의 압제(壓制) 받단말가"

위 시는 백하(白下) 김대락(金大洛) 선생이 쓴 〈분통가(憤痛歌)〉의 일부
로 민족의 자존심을 갖고 당당히 살던 우리 겨레가 왜놈들 아래서 압제
와 핍박을 받고 있는 것에 대한 통한의 느낌을 써 내려간 시다. 조선의
당당한 선비였던 백하 김대락 선생의 후손 김시중 어르신을 찾아가던 날
은 내앞마을 콩밭이 누렇게 익어가던 늦가을 저녁 해가 뉘엿뉘엿 넘어갈
무렵이었다. 전에 한번 찾아뵌 적이 있는 김시중 선생은 경북 안동 내앞
마을(川前里) 〈백하구려(白下舊廬)〉에 살고 있다.

백하 김대락 종가 백하구려 전경

〈백하구려(白下舊廬)〉는 대한제국 시절과 일제강점기 초에 국민계몽과 독립운동에 몸 바친 백하 김대락(1845~1915)선생의 고택으로 사랑채를 확장하여 1907년 이 지역 최초로 근대식 학교인 협동학교를 개교했던 역사적인 유래를 간직한 집이다. 당시 협동학교의 교사로 쓰던 건물은 독립운동 군자금 마련을 위하여 처분되어 사라졌지만 지금도 건물이 서 있던 축대와 초석 일부가 사랑채 앞에 남아 있어, 김대락 선생의 애국정신을 엿볼 수 있게 한다.

고택 이름을 〈백하구려(白下舊廬)〉라고 부르는 것은 사랑채에 걸린 '백하구려(白下舊廬)'라는 편액에서 유래한 것이다. '백하(白下)'는 김대락 선생의 호이며 '백두산 밑에 사는 한인(韓人)'이라는 뜻이고 '구려(舊廬)' 는 오래된 오두막이란 뜻으로 가솔을 이끌고 백두산이 있는 만주로 떠나 독립운동을 하던 선생이 살던 집이었음을 나타내는 것이다.

척사유림에서 혁신유림으로 전환
협동학교를 위해 자신의 집을 흔쾌히 내놔

1907년 내앞마을에서 문을 연 협동학교는 류인식 선생 등 혁신 유림이 설립한 경북 지역 최초의 근대식 중등교육기관이다. 의성김씨 문중 서당 인 가산서당에서 출발한 이 학교는 1919년 3·1운동 이후 강제 폐교될 때까지 독립투사를 길러낸 역사적인 교육의 산실이었다.

하지만, 초기에는 위정척사를 외치며 개화에 반대하던 척사유림의 입장 에서 신학문의 수용과 단발령을 받아들이는 학생들을 용납할 수 없었기 때문에 극심한 반대를 했다. 심지어 1910년 7월에는 의병이 협동학교를 기습해 교직원 3명을 살해하는 사건까지 벌어졌다. 백하구려 마당의 큰 바위는 신학문을 가르치던 교직원들이 피를 흘리며 숨겨간 곳이다. 따라 서 척사유림이었던 백하 선생도 처음엔 개화와 신교육에 부정적인 생각 을 했었다.

백하구려 앞에 있는 협동학교를 반대했던 의병들이 교사들을 죽인 바위

백하선생이 자신의 거처를 협동학교 교사로 내놓았다는 황성신문 기사

그러나 의병 투쟁이 곳곳에서 일제에 패하고 나라가 망국의 길로 들어서서 돌이킬 수 없는 지경에 이르게 된 1909년 초 선생은 혁신유림으로 생각을 바꾸게 된다. 육십 평생 척사유림으로 살아온 선비가 자신의 철학을 완전히 바꾼 것이다. 이렇게 되자 선생은 민족교육이란 대명제를 앞

에 두고 과감히 자신이 살던 백하구려의 사랑채를 협동학교 교사로 쓰도록 기꺼이 내주면서 협동학교 운영에 사재를 털기 시작했다.

당시 선생의 변화는 안동 지역 뿐 아니라 전국에 영향을 끼칠 만한 큰 사건이어서, 황성신문은 "교남 교육계에 새로운 붉은 기치"라는 제목의 논설로 대서특필했다. 선생은 독립운동 단체에서 발행한 "대한협회보"를 읽고 심경이 바뀐 것으로 생각된다. "늙은이 눈 어두워 죽은 듯이 누웠다가 창문에 기대어 대한서를 읽는다. 폐부를 찌르는 말 마디마디 간절하니 두 눈에 흐르는 눈물 옷깃을 적시네." 뼈저린 깨달음이었다.

나라 되찾겠다는 일념으로 150명 이끌고 집단 망명
의성김씨 문중 그리고 매부와 손녀 집안도 함께

나라가 기울자 이를 좌시할 수 없어 힘을 모아 독립운동을 하기로 작정하고 선생은 66살의 노구로 만주 망명길에 올랐다. 내앞마을에서 무려 150여 명이나 되는 대부대를 이끌고 독립운동의 선봉장이 되어 떠난 것이다. 선생은 오로지 힘을 키워 "나라를 되찾겠다."는 일념으로 1910년 12월 24일 엄동설한 속에 안동에서 멀고도 험한 만주로 떠난 것이다.

일행 가운데는 선생의 손자며느리와 시집 간 손녀까지 있었다. 이들은 둘 다 만삭의 몸이었는데 망명길에 산기를 느끼자 일제가 짓밟은 땅에서 출산할 수 없다하여 압록강을 넘어 출산하도록 했다는 일화를 통해 선생이 일제침략에 얼마나 단호한 마음을 지녔는가를 엿볼 수 있다.

이들은 안동에서 추풍령까지 한겨울 칼바람을 온 몸으로 받으며 1주일을 꼬박 걸었다. 거기서 기차를 타고 서울을 거쳐 신의주까지 간 다음 발이 부르트도록 다시 걸어서 압록강 너머 최종 목적지인 유하현 삼원포에 닿은 것이 1911년 4월 10일이었다. 물설고 낯선 이국땅 허허벌판 눈보라 속에서 일제의 감시를 피하느라 제대로 먹지도 자지도 못하고 천신만고 끝에 도착한 땅은 그러나 반겨 기다리는 사람 없는 춥고 배고픔만이 이들 망명객을 기다리고 있을 뿐이었다.

만주로 망명한 한인들은 생활기반이 가장 큰 문제였다. 따라서 불철주야 황무지를 개간하여 생활의 기반을 닦는 한편 백하 선생은 매부인 이상룡(임시정부 초대 국무령)등과 함께 한인 자치조직 경학사를 만들었다. 뒤이어 신흥무관학교의 전신인 신흥강습소를 세워 독립운동의 발판을 마련하는 등 조국을 떠날 때 맹세한 조국광복을 위한 일들을 착착 실천해 나갔다.

백하 선생은 1911년 윤 6월 12일 신흥학교 학생들을 위한 "권유문"을 썼는데 이를 보면 선생의 굳은 의지와 꺾이지 않는 불굴의 정신을 엿볼 수 있다. "금석(金石)은 부서지고 깨질지 몰라도 자유를 향한 열정은 깎아낼 수 없으며, 큰 쇳덩이가 앞에 있어도 진보하는 단체를 막을 수는 없다."

고 했다. 또한 "타버린 잿더미 속에서도 대장부의 의기가 솟아난다. 어찌 우리가 나라를 일으키지 않을 것인가?"라고 외쳤다.

이 글에서 백하 선생은 서양문명에 패배한 처지를 솔직히 인정하면서도 우리도 열심히 공부하면 그들과 같이 될 수 있다는 자신감을 내보였다. 뿐만 아니라 이것은 단순한 실력양성론만이 아닌 독립투쟁의 의지도 분명히 밝힌 선생의 사상이자 올곧은 정신이었다.

황무지 땅 만주에서 선생은 경학사에 이은 공리회(共理會)를 결성하는 등 조국의 독립을 위해 고군분투하다 1914년 12월 10일 중국땅 삼원포에서 고국을 떠난 지 4년만인 일흔 살의 나이로 세상을 떠나니 비통한 일이었다. 그렇게도 처절하게 꿈꾸던 조국의 광복과 평생을 올곧은 선비로 살아온 고향땅 내앞마을을 두 번 다시 밟지 못하고 애통하게 숨져간 것이다.

안동에서 일제의 비위만 좀 맞추면 배부르게 살 수도 있었지만 선생은 그 모든 것을 내동댕이진채 노구의 몸을 이끌고 독립운동의 전초기지를 만드는데 혼신의 힘을 다하다 이국땅에서 쓸쓸히 눈을 감았다.

백하 선생의 무덤을 찾을 길 없어 선산에 빈뫼를 썼다.

백하 선생의 무덤은 지금 찾을 길이 없다. 일제가 훼손할까봐 비석을 세우지 않은 것이 도리어 위치를 알 수가 없게 된 것이다. 그래서 2002년 안동 유림에서는 의성김씨 선산에 빈뫼(허묘)를 썼다. 그때 역사학자 조동걸이 비문을 지었다. "백하는 유학자, 선비, 계몽주의 민족운동가, 독립군 기지를 개척한 독립운동 선구자다. (가운데 줄임) 세상에 외치노니 지사연 하는 학자가 의리를 찾는다면 여기 와서 물어보라. 애국자연 하는 위정자가 구국의 길을 묻는다면 여기 와서 배우라, 저승으로 가는 늙은이가 인생을 아름답게 마감하는 지혜를 구한다면 여기 와서 묻고 배우라고 하자."

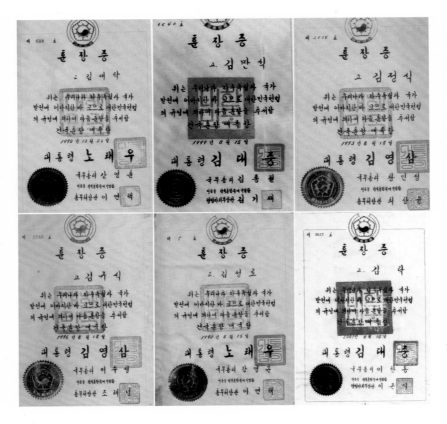

백하구려에는 백하 김대락 선생과 동생, 조카, 증손까지 모두 6장의 훈장이 걸려 있다.

독립운동에 뛰어든 사람은 백하 선생뿐이 아니다. 선생의 일가는 일제침
략으로 온 가족이 희생되었는데 막내 여동생 김락(金洛 : 1863~1929)선
생도 그 가운데 한 분이다. 김락 선생은 3·1운동 때 만세운동을 벌이다
일제 수비대에 끌려가 두 눈을 찔려 11년 동안 장님으로 고생하다 죽은

것은 물론 매제인 이중업은 파리장서 사건으로 목숨을 잃었고 조카인 동흠, 중흠도 독립운동사에서 빼놓을 수 없는 인물이다. 뿐만 아니라 김락 선생의 시어른이신 향산 이만도 선생을 포함한 온 가족이 일제침략에 맞서 투쟁한 쟁쟁한 집안이다. 또한 김구 선생과 김일성이 만난 남북연석회의 임시의장을 맡았던 백하 선생의 아들 김형식(1877~1950)도 손꼽히는 독립운동가다.

후손 김시중 선생, 어려움 속에서 꿋꿋한 모습
술지게미, 송진으로 배고픔 덜었던 어린 시절

김시중 어르신은 회고했다. "6·25 직후 먹을 것이 없어 조림사업 하는 데서 죽도록 일하고 보리쌀 한 됫박 받아다 먹고 살았습니다. 또 안동소주에 가서 소주아래기(술지게미)를 얻어와 사카린(saccharin, 설탕보다 단맛이 훨씬 강한 인공감미료)을 타서 먹고 온 식구가 취해 누어버린 적도 있었지요. 또 소나무 껍질 먹고 똥을 못 눈 적도 있었습니다."

일제의 침략 역사가 없었다면 후손들이 그렇게 힘겨운 세월을 살 까닭이 없건만 냉혹한 역사 앞에 내동댕이친 채 어려운 시절을 감내해야만 했던 후손들의 삶의 모습이 눈앞에 어렵지 않게 그려졌다. 독립운동에 직접 나선 당사자들도 힘겨웠지만 후손들 역시 힘겨운 삶을 이어가긴 마찬가지였다. 하지만 당당했던 조상들처럼 후손 역시 반듯한 역사관으로 조상들의 독립운동을 값지게 이야기 하는 모습에서 독립운동이 과거에 끝난 일이 아니라 현재도 면면히 이어지는 민족정신임을 새삼 인식했다.

김시중 어르신의 15대 청계공 김진 선생이 후손들에게 당부한 유언에는 "큰 부자가 되지 말 것과 높은 벼슬 하지 말라"는 말이 있는데 그것은 당시 극심한 당파싸움과 부자들의 횡포를 염려하던 뜻에서 나온 말이었다. 이 집안의 분재기를 보면 노비 50명을 받았다는 기록이 있는 데 윗대부터 그리 큰 부자는 아니지만 면면이 어려움 없는 살림이 이어져왔음을 알 수 있다. 그러나 백하 선생 대에 와서 있는 재산을 교육사업과 독립운동에 모두 쏟아 부었으니 그야말로 남아 있는 것은 빈 숟가락뿐이었음은 미루어 짐작 할 수 있다. 그 가난과 험난한 현실은 고스란히 후손들의 몫이었다.

이야기 내내 김시중 어르신은 걱정했다. "나눔을 주제로 글을 쓰시는데 사실 우리 집안은 그렇게 내로라하는 나눔을 실천하지는 못해서 얘깃거리가 될는지 걱정입니다. 다만 어렸을 때 들은 얘기로는 할아버지께서 주변에 어려운 이들의 굴뚝에 연기가 났는지 물어보시고는 며칠 연기가 보이지 않았다는 말씀을 들으시면 곡식을 가져다주도록 했습니다. 하지만 이는 구례 운조루나 경주 최부잣집처럼 베풀지는 못했던 듯하여 부끄럽습니다."

백하구려를 지키고 있는 후손 김시중 선생

그러나 그건 어르신의 겸손의 말일뿐 전 재산을 다 털어 민족교육에 쏟아 붓고 독립자금에 부었다면 그보다 더 큰 나눔이 어디 있으며 값진 나눔이 어디 있단 말인가!

김시중 어르신은 다음날 경북여성정책연구원 주최 "경북여성, 독립운동을 말하다" 2013 경북 여성인물 재조명심포지엄 행사장에서 다시 뵈었다. 전날 댁에 찾아뵈었을 때와는 달리 단정한 두루마기 차림이 마치 백하 선생을 뵙는 듯하였다.

어르신은 다시 강조했다. "우리 집안은 그리 대단하지 않습니다. 당시 조선 사람이면 누구나 했던 독립운동을 했을 뿐입니다. 그리고 어려운 이웃을 위한 나눔도 제대로 하지 못했습니다. 절대 보태거나 미화해서는 안 됩니다."라고 말이다. 백하 김대락 종가에 무엇을 보탤 필요가 있을 것인가? 이미 백하 선생의 재산과 삶을 송두리째 이 겨레와 나라에 바쳐 크나큰 나눔을 실천했는데 말이다. 김시중 어르신과 헤어지면서 엄청난 나눔을 실천한 조상을 두고도 겸손하게 고개를 수그리는 모습에 되레 내 자신이 어르신 앞에 고개가 숙여졌다.

퇴계를 이은 큰학자 학봉 선생 종가 왜놈에 맞서
안동 학봉 김성일 종가

퇴계를 이은 큰학자 학봉 선생 종가 왜놈에 맞서

안동 학봉 김성일 종가

학봉 김성일 종택 전경

"(앞줄임) 마평 서씨문에 혼인은 하였으나 신행날 받았어도 갈 수 없는 딱한 사정. 신행 때 농 사오라 시댁에서 맡긴 돈, 그 돈마저 가져가서 어디에다 쓰셨는지? 우리 아배 기다리며 신행날 늦추다가 큰어매 쓰던 헌 농 신행발에 싣고 가니 주위에서 쑥덕쑥덕. 그로부터 시집살이 주눅 들어 안절부절, 끝내는 귀신 붙어왔다 하여 강변 모래밭에 꺼내다가 부수어 불태우니 오동나무 삼층장이 불길은 왜 그리도 높던지, 새색시 오만간장 그 광경 어떠할고. 이 모든 것 우리 아배 원망하며 별난 시집 사느라고 오만간장 녹였더니(뒷줄임)"

학봉 김성일 선생의 13대 종손 김용환(金龍煥 : 1887~1946) 선생의 외동딸은 파락호로 알고 평생을 원망했던 아버지가 건국훈장을 추서 받던 날, 존경과 회한을 담은 "우리 아배 참봉 나으리"라는 제목의 위와 같은 편지글을 남겼다. 시집가던 날 외동딸이 그렇게 원망할 수밖에 없었던 아버지 김용환 선생은 안동에서 악명 높은 파락호였다. 당시 학봉 집안은 사방 십리 땅을 전부 소유했을 만큼 엄청난 부자였는데, 종손이 노름에 빠져 그 많은 가산을 모조리 탕진한 것이다.

김용환은 안동 일대 노름판을 주름잡았는데 초저녁부터 노름을 하다가 새벽녘이 되면 판돈을 모두 걸고 막판 내기를 했다. 그런데 여기서 지면 노름판 주변에 숨어있던 아랫것들을 시켜 판돈을 덮치는 수법까지 쓰곤 했다. 그렇게 망나니짓을 하다 결국 종택까지 남의 손에 넘겼다. 종가 재산으로 내려온 전답 18만 평(요즘 돈 350억 원 가량)을 팔아버린 것은 물론 사당의 신주까지 손대려는 것을 문중 사람들이 뜯어말린 것도 여러 차례. 급기야 외동딸이 시댁에서 받은 장롱 살돈까지 가로채 노름으로 날렸다. 이에 딸은 집에서 쓰던 헌 장롱을 가지고 울며 시댁에 갔는데 시댁 어른들은 "나쁜 귀신이 붙어 왔다"며 그 장롱을 불태웠다. 비정한 아비는 외동딸이 죄지은 것도 없이 주눅 들어 살 수밖에 없도록 했다. 심지어 마을에서는 "학봉 집안사람들과는 사귀지도 말라."고까지 할 정도였다.

그러던 그가 해방 다음 해인 1946년 세상을 떠났다. 임종 무렵 그의 모든 것을 알고 있었던 오랜 벗이 "이제는 말할 때도 되었다."고 권했다. 하지만 그는 "당연한 일을 한 것이니 아무런 말도 하지 말라."는 당부를 하고는 비밀을 가슴에 묻은 채 눈을 감았다. 이후 여러 증언과 사료를 통해 그가 학봉 종가의 모든 재산을 노름빚으로 탕진한 것이 아니라 만주 독립군 자금으로 보냈던 것이 알려졌다. 그는 파락호로 철저히 위장하며 독립운동을 했던 것은 물론 자신의 독립운동 사실을 감추었던 진정 나라 사랑의 위대한 인물이었다.

그가 전 재산을 털어 남몰래 독립운동 자금을 댔던 것은 어렸을 때 봤던 할아버지의 굴욕 때문이다. 할아버지 서산(西山) 김흥락(金興洛)은 의병 대장인 사촌 김희락을 숨겨줬다가 들켜 왜경에 의해 종가 마당에 꿇어앉는 치욕을 겪었다. 어린 나이에 이를 본 김용환은 큰 충격을 받았고 그때 이미 항일운동에 몸 바칠 것을 각오했던 것이다.

김흥락선생 훈장(왼쪽)과 김용환선생 훈장

하지만 일제강점기 독립자금을 쉽게 만주로 보낼 수 없었기에 그는 철저하게 노름꾼으로 위장한 삶을 살았던 것이다. 빼앗긴 나라를 되찾기 위해 일평생을 노름과 주색잡기로 꾸며 "파락호"라는 불명예를 말없이 감수했다. 그리고 1995년, 죽은 뒤 반백년이 흘러서야 우리는 그의 가슴에 건국훈장 애족장을 달아줄 수 있었다.

학봉, 몸을 달려 싸움터 누비기를 목숨이 다하고야 그만 두었네

경북 안동시 서후면 금계리 이른바 "검제마을"에 김용환 선생의 학봉종가가 있다. 이 학봉종가는 우리나라 성리학의 본류인 퇴계학의 큰 줄기를 근세에까지 이어온 정신문화의 중심지였을 뿐만이 아니라 임진왜란·병자호란 그리고 일제강점이라는 나라의 큰 위기 속에 400해를 가열 차게 이어온 구국활동의 산실이었다.

그 맨 앞에는 학봉 김성일이란 거목이 우뚝 서 있다. 선생은 임진왜란이 시작되던 1592년 봄 경상우도 병마절도사란 중임을 맡고 진주에 도착했다. 그러나 목사는 도망가고 진주성은 텅 빈 채였다.

선생은 진주 판관 김시민을 진주목사에 임명해 성을 지키도록 하고 "진양(晋陽, 진주지방의 다른 이름)은 호남을 지키는 곳이므로, 진양이 없으면 호남이 있을 수 없고, 호남이 없으면 나라가 있을 수 없다. 죽음으로써 이 성을 지켜야 한다."며 진주 사수를 선언했다. 선생은 왕명을 받드는 초유사로서 관군과 의병을 총지휘하여 민중이 얻어낸 진주대첩 승리를 이끈 뛰어난 전략가며 의병의 아버지였다.

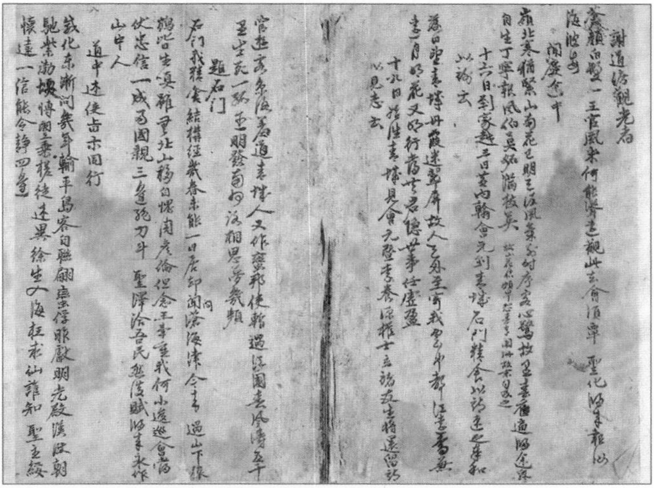

학봉 선생이 왜국에 통신사로 갔을 때 쓴 시를 모은 해사록

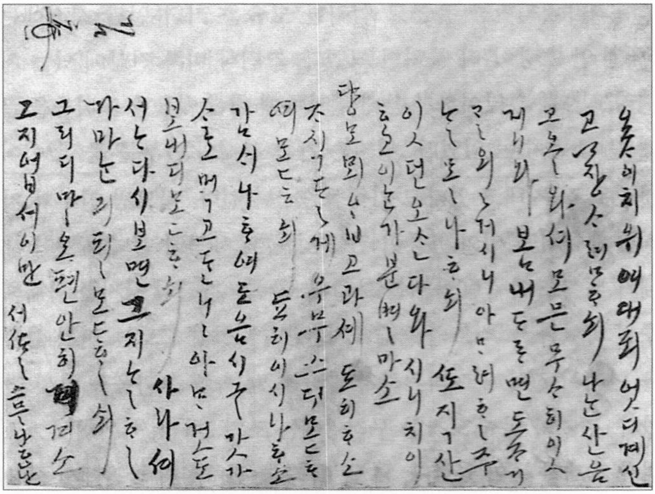

학봉 선생이 진주성에서 부인 권씨에게 써보낸 언문편지

그러나 선생은 임금에게 보낸 장계에서 김시민, 이광악, 최덕량, 이눌, 이찬종 같은 이들을 일일이 밝혀 전공을 칭찬했지만 자신의 공은 전혀 드러내지 않은 위대한 덕장이었다. 그뿐만 아니라 《선조수정실록》에는 "바다에는 이순신, 육지에는 김성일"이라는 찬사가 기록되어 있다.

또 《선조수정실록》 26년(1593) 4월 1일 기록 "경상좌도 순찰사 김성일의 졸기"를 보면 "당시 혹심한 병란에 백성은 굶주리고 전염병까지 크게 돌았다. 이에 성일이 손수 밤낮으로 보살피다가 전염병이 옮아 죽었다. 군사와 백성이 마치 친척의 상을 당한 것처럼 슬퍼하였는데, 얼마 안 가서 진주성이 함락되었다."라는 기록이 있는데 이때 학봉 선생이 죽지 않았다면 진주성이 함락되지 않았을지도 모른다는 아쉬움이 크게 남는 대목이다.

우리는 학생 때 왜국에 통신부사로 갔던 김성일이 "왜국이 쳐들어오지 않을 것이다."라고 잘못 보고한 바람에 조선이 임진란의 치욕을 겪었다고 배웠다. 그러나 최근 학봉 선생을 새롭게 재조명하는 학자들에 따르면 이는 임진왜란의 희생양을 찾은 선조의 탓과 함께 일제강점기 우리 역사를 왜곡한 식민사학자들이 학봉 선생에게 올무를 씌운 탓이라고 한다. 당시 학봉 선생은 왜국이 쳐들어올 가능성은 이미 알려졌는데도 통신사 뒤를 따라 바로 쳐들어올 것처럼 정사가 수선을 떨어 백성이 크게 혼란스러워 한 것을 염려하여 그렇게 보고했다는 것이다. 이것이야말로 진정 나라와 겨레를 사랑한 학봉 선생의 소견이었다. 항간의 말처럼 학봉 선생의 보고 탓에 전란에 대한 대비가 안 된 것이라면 《조선왕조실록》이 그를 칭찬하는 기록을 남겼을 리도 없지 않은가?

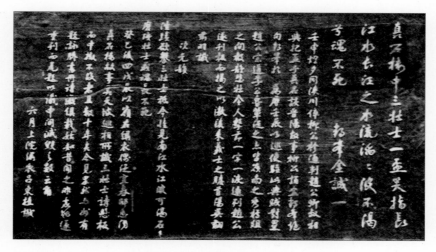

학봉 선생이 진주성 사수의지를 담아 쓴 촉석루중삼장사시 편액

심지어 임진왜란이 끝난 뒤 광해군이 임금 자리에 오르자 제문을 내려 선생의 공적을 다음과 같은 치하했음을 우리는 기억해야만 한다. "하늘이 뽑은 호걸, 산이 내린 신령스러운 사람, 덕을 갖추고 문장까지 뛰어난 우뚝한 정신, 왕명을 받들어 사신을 가니 섬 오랑캐 혼이 빠지고 국방의 중책을 맡아 왜적 토벌하니 참 선비라 맞설 적이 없었네. 몸을 달려 싸움터 누비기를 목숨을 다해서야 그만 두었네."

가장 많은 독립운동가가 나온 안동, 그 중심에 서산 김흥락 선생

경상북도 안동. 여기는 명성황후가 시해되고, 단발령이 내려지자 온 나라 가운데 가장 먼저 의병이 일어난 곳이다. 임진왜란에 이어 안동 땅은 왜를 몰아내는 그 중심에 있었고 그 한가운데에는 학봉 선생의 11대 주손 서산(西山) 김흥락(金興洛) 선생이 있었다. 선생은 학봉 선생에 이어 300년 만에 퇴계학의 적통을 잇는 큰 학자가 되었고, 그에 따라 학봉종가는 "연원회귀가(淵源回歸家)"라 불렸다. 안동에서 서산 선생이 왜를 몰아내기 위해 몸을 일으키자 퇴계학의 제자들도 모두 몸을 일으키게 된 것이다. 이후 선생의 제자 70여 명이 독립유공훈장을 받았음은 참으로 감동적인 이야기다. 또 선생의 후손도 16명이나 독립유공자가 되었고, 방계 후손에서도 26명이나 나와 한 집안에서 무려 42명의 독립유공자가 나올 정도 였다.

그뿐만 아니라 서산 선생의 좌우로 이어진 혼맥에 대한민국임시정부 초대국무령 이상룡 선생, 내앞마을 150여 명을 이끌고 만주로 독립운동 하러 간 김대락 선생, 일본의 강제병합 직후 24일 동안 단식한 뒤 순국한 이만도 선생, 만주의 호랑이 김동삼 선생이 모두 얽혀 있으니 안동의 독립운동에는 서산 선생의 영향력이 절대적이었음을 부인할 수 없다. 더구나 이곳 독립운동가들은 뒤에 변절한 사람이 없었다고 하니 수백 년 내려온 퇴계학의 깊은 학문적 바탕이 독립운동으로 꽃을 피웠다는 말이 분명할 터이다.

종가 사람 24명이 독립유공자가 되어
항일명가가 되었다는 기사

선생의 문인록에 오른 제자만 해도 705명이었음은 물론 선생의 장례식
에 참석한 사람만 4천여 명이 넘었다는 것을 보아도 선생이 당시 얼마큼
존경을 받은 어른이었는지 여실히 증명되고도 남는다.

후대에서도 따뜻한 마음을 주변에 나눠줘

파락호 김용환 선생은 노름판에서는 악착같았지만 새우젓 장사와 같이
어려운 백성에겐 값을 두 배로 쳐주면서 모두 내려놓고 가라고 했던 따

뜻한 마음의 소유자였다. 그 정신은 이후 후대에도 이어졌다. 종손이 어렸을 적 김용환 선생이 가산을 거덜 내 어려웠음에도 보릿고개 때 쫄쫄 굶던 아이들이 감자를 캐는 밭에서 빙빙 맴돌면 어머니는 보이는 것만 캐도록 했다고 한다. 나머지는 그 아이들이 캐가도록 배려를 한 것이다. 또 마을 집 가운데 며칠 굴뚝에 연기가 나지 않는 집이 있으면 좁쌀이나 보리쌀을 전해주었다고 하니 독립운동에 이은 가난 구제에도 소홀히 하지 않았음을 여실히 보여주고 있다. 또 김용환 선생은 이상룡, 김대락, 김동삼, 류인식 선생이 협동학교를 세워 민족교육을 했을 때도 적극 협력했다고 한다.

"나눔을 실천한 한국의 종가"를 쓰기 위해 전국 방방곡곡을 뒤지는 과정에서 만난 어떤 종가는 '적선'을 크게 실천했다고 알려졌지만 만남을 거절했다. 하지만 학봉종가는 달랐다. 숱한 사람들이 종손을 만나자고 요청했을 것이고 그때마다 귀찮기도 하련만은 종손은 겸손하게 말한다. "종가의 재산이 개인 사유재산이 아닌 것처럼 종손도 개인이 아니라 이미 공인이기에 대담을 원하는 사람이 있다면 어려움이 있어도 응하는 것이 도리일 것이다."

종손 김종길 선생은 안동 선비문화수련원 원장을 맡아 현대인들의 정신 수련에 큰 몫을 하고 있다. 학봉과 서산의 큰 정신이 후손에게 면면히 흐르고 있음이 분명하다. 아! 지금에 이르러 학봉종가 큰 어른들의 위대한 정신을 이을만한 큰 선비가 있을까 하는 마음으로 종손과의 대담을 마쳤다.

안동 선비문화수련원 원장을 맡아
현대인들의 정신수련에
큰 몫을 하고 있는 종손 김종길 선생

나눔과 민족교육을 실천한 관선정
보은 남헌 선정훈 종가

03

보은 남헌 선정훈 종가

"아유, 자그마치 집이 134칸이나 된대. 그렇게 어마어마한 집에 사는 사람들은 도대체 누굴까?" 충북 보은군 장안면 개안리 154에 있는 '선정훈 종택'을 보고 하는 말들이다. 사람들은 그저 그 크기에만 관심이 있을 뿐이다. 하지만, 그들은 그곳 종가 사람들의 큰 가슴은 보지 못한다. 그 큰 가슴을 가늠해보려고 선정훈 종택을 찾은 것은 5월 초의 화창한 봄날이었다.

명산 속리산에서 발원한 물이 흘러오다 작은 섬을 만든 이곳에 집을 지은 선정훈 종택. 흔히 사람들은 집을 지을 때 물을 피해서 짓는다 했던가? 그러나 선정훈 종택은 물이 돌아 흐르는 섬 위에 지어졌다. 미리 연락한 덕에 종부 김정옥 여사(61살)가 단아한 한복 차림으로 맞아주었다. 안채 대청에는 오래된 집에서만이 느낄 수 있는 형용할 수 없는 그윽한 향기가 느껴졌는데 활짝 열어 놓은 대청문 너머에는 푸른 잔디가 깔린 널찍한 안뜰이 시야에 들어 왔다.

선정훈 종가 사랑채

"나누는 삶을 실천하는 종가라 들었습니다." 나의 말에 종부는 그저 빙그레 웃더니 조용히 종가의 철학을 들려주기 시작했다.

논밭을 나눠주고, 소작료를 내리며, 대신 세금을 내주다

"증조부 선자 영자 홍자(선영홍) 할아버님을 기리는 철비(鐵碑)가 대문을 나서면 있습니다. 할아버님은 전라남도 고흥군에 사실 때 무역업으로 큰돈을 벌었고 그때 소작인들에게 논밭을 나누어주면서 농지세도 자신이 부담하는 등 선정을 베풀며 사셨습니다. 이러한 할아버님 덕에 당시 그 곳에서 살던 소작인들은 배고프고 가난한 것을 몰랐다고 합니다.

이에 소작인들이 1922년 10월에 할아버님의 고마움을 철비에 새겨 기리던 중 국도공사로 이 비가 헐리게 되자 후손들에게 이 사실을 알려와 이곳 보은으로 옮겨 오게 되었습니다. 저희 집안은 이렇게 증조부때 부터 나눔을 실천하는 집안이었습니다." 종부는 나긋한 목소리로 이 집안의 내력을 한편의 영화를 보듯이 설명해 나갔다.

그뿐만 아니라 증조부 선영홍 선생은 전남 고흥에 살 때 대흥사라는 서숙을 설치하여 무료로 인재를 양성하는 데에도 큰 정성을 쏟았다. 그리하여 당시 고흥의 유림에서는 선영홍 선생이 돌아가시자 봄가을로 제사를 지내며 해마다 고마운 마음을 표했다고 한다.

선정훈 종택의 아름다운 담

선정훈 선생의 무료 민족교육

증조부와 함께 전남 고흥에서 이곳 보은으로 온 남헌(南軒) 선정훈(宣政薰) 선생은 99칸의 큰 집을 세우고 집 동편에 '착한 사람들끼리 모이면 좋은 본을 받는다.'라는 뜻을 지닌 관선정(觀善亭)이라는 35평 서당을 세웠다. 그리고 이곳에 저명한 학자인 홍치유(洪致裕) 선생을 모셔 인재를 양성하는데 큰 노력을 쏟았다.

이곳 관선정에서는 1926년부터 일제에 의해 강제로 문을 닫을 때인 1944년까지 온 나라 수백 명의 젊은이들에게 음식과 잠자리를 무료로 제공하고 공부하는 데 따르는 모든 돈을 사재로 충당하였다니 나라에서도 못할 일을 선생은 해낸 것이다.

관선정은 당시 한일강제병합으로 조선인들의 역사와 민족교육이 서서히 말살되는 가운데서도, 일제의 식민지 학교교육이 아닌 전통 유학을 교육시켜 은연중에 민족정신을 북돋우는 등 우리의 전통문화계승에 크게 이바지하였으며 이곳에서 한문학의 주류를 형성한 청명(靑溟) 임창순 선생 등 수많은 인재를 배출했다. 과거 관선정에서 수학한 이들은 1973년 관선정기적비(觀善亭紀蹟碑)를 세워 관선정과 선정훈 선생에 대한 고마운 마음을 표했다.

선영홍 선생의 선정을 기리는 철비(鐵碑)

그러나 관선정은 안타깝게도 한국전쟁 때 불타고 지금은 군부대가 자리하고 있다. 하지만 이러한 면학 정신은 안채에 딸린 하인들의 방을 이용해 생계를 위한 고시원으로 이어졌는데 그간 이곳을 거쳐 간 고시생이 천 명이 넘고, 사법고시 합격자만도 50명이 넘는다니 가히 이곳은 인재 배출의 성지라 해도 지나친 말이 아니다.

일제강점기에 교육시설이 턱없이 부족한 가운데 숙식을 포함한 민족교육에 열정을 쏟은 선정훈 선생은 교육사업 뿐만이 아니라 인술을 베풀었던 사람으로도 유명하다. 선정훈 종택 방문에 함께 했던 이무성 한국화가는 어렸을 적 이 근처에서 살았다면서 이 근방 사람치고 이 집의 한약과 인술을 받지 않은 사람은 없을 것이라고 증언한다.

'위선최락' 곧 나누는 삶을 즐거움으로

"종가의 가훈이 '위선최락'이라고 들었습니다."
"저희는 '위선최락'이라고 쓰인 편액을 사랑채와 안채에 걸어놓고 늘 새기면서 삽니다. 사실 착한 일을 하는 것 곧 나누는 삶보다 더 큰 즐거움은 없다고 생각하지요. 나누는 삶을 무슨 의무감으로 여긴다면 힘들어질 것입니다. 그저 즐거운 마음으로 하다보면 어려운 이웃에게도 도움이 되고 저희 자신도 힘든 줄 모르게 할 수 있는 것이지요."

가훈인 '위선최락(爲善最樂)'은 중국 후한의 역사서 《후한서(後漢書)》 광무십왕열전(光武十王列傳)에서 따온 말로 이는 우리 겨레가 입춘 때 행하던 '적선공덕행(積積善功德行)'과도 그 뜻을 같이 하는 말이다.

"나누는 삶보다 더 큰 즐거움은 없다"는 뜻의 '위선최락(爲善最樂)' 편액

"제가 혼례를 한 뒤 처음 종택에 왔을 때는 고모님, 숙모님을 비롯한 식솔들이 20명이 넘었습니다. 이 많은 식솔들의 음식을 장만하려면 된장, 간장을 잘 담그지 않으면 안 됩니다." 종택에는 안채에 딸린 장독을 비롯하여 종택 안과 바깥마당에 헤아릴 수 없는 장독이 즐비했다. 지금도 1년에 10번의 제사를 모신다는 종부는 이 집에 350년 동안 대를 내려오며 만들고 있는 '씨간장' 이야기를 들려주었다.

"씨간장"이란 새로 담그는 간장에 대대로 이어오던 간장을 부어 만드는 것으로 자그마치 350년간 종택의 간장 맛은 한결 같다. 이러한 장맛은 2006년 "간장전시회"에 출품했던 1리터짜리 씨간장이 무려 500만 원에 낙찰되어 장안의 화제가 되기도 했다. 한때는 신세계 백화점에 기프트상품으로 0.5리터짜리 씨간장을 팔았지만 이제 씨간장은 팔지 않는다고 했다. 대신 종부 김정옥 여사는 보은군수의 적극적인 독려에 "선씨종가"라는 이름으로 정성껏 만든 장을 팔고 있다. 현재는 한국전통문화대학교 보존과학과를 졸업한 아들 선종완도 이 일을 함께 하고 있어 마음이 놓인다고 했다.

아직 미혼인 아들의 며느리감에 대한 생각도 밝힌다. "지금은 세상이 달라졌습니다. 제 아들을 택하는 며느리에게 제가 살았던 삶을 그대로 살라고 강요할 수는 없다고 생각합니다. 그래서 저는 아들에게 전문직 여성을 선택하는 것도 좋겠다고 말했어요. 그래서 충분히 자신의 삶을 살다가 제가 더 이상 이 일을 못하게 되면 그때 제 뒤를 잇는 것도 좋을 것이라고 말해주었습니다." 아들의 생각을 강요하지 않고 앞으로 맞이할 며느리의 삶을 존중할 줄 아는 따뜻하고 현명한 종부의 마음이 아름답다는 생각이 들었다.

단아한 한옥의 모습이 마음을 편하게 해주는 이 집에는 예부터 전해내려오던 귀한 보물이 많았다고 한다. 그 가운데는 추사 김정희의 "무량수각"

편액, 어사 박문수의 편지, 이 집의 설계도면, 임창순 선생의 12폭 글씨 족자 등 많은 보물이 있었는데 안타깝게도 1995년에 도둑맞았다고 했다.

이 집 주변엔 유난히 소나무가 참 많다. 거기에도 깊은 철학이 숨어있었다. 집을 지을 당시 선정훈 선생은 소작농들에게 소나무 한 그루에 쌀 두 섬씩 주면서 잘 기르도록 했다고 한다. 이는 소나무가 겨레의 정신을 상징한다는 것을 잘 알고 있었음이며, 소나무를 통해 또 하나의 나눔을 실천했음이다. 그래서 온통 집 주변은 소나무 천지였지만 안타깝게도 1980년 수해 때 소나무 300여 그루가 물에 휩쓸려 갔다고 했다.

선정훈 종택의 종부 김정옥 여사

종부의 정성이 가득한 선정훈 종택의 장독

선정훈 종가를 빛낸 선처흠의 효성

대문을 나서면 철비 옆에 "선처흠효열각(宣處欽孝烈閣)"이 있다. 이 "선처흠효열각"은 선정훈의 할아버님인 선처흠 선생의 효행과 그의 처 경주 김씨의 지아비를 향한 정성을 기리기 위한 것으로 조선 고종 29년(1892)에 나라에서 세웠다.

선처흠(宣處欽 : ?~1921) 선생은 아버지가 안질로 고생하시자 이를 치료

하기 위해 온갖 노력을 했다. 침과 약으로 계속 치료받았으나 차도가 없자 매고기가 명약이라는 의원의 말에 따라 눈보라를 무릅쓰고 산에 올라 단을 쌓고 이레 동안 기도한 끝에 매를 얻어 오래된 안질이 완쾌되었다. 또 선처흠의 부인 경주김씨 역시 효성이 지극했고 남편을 하늘같이 섬겼는데 남편이 병에 위급하자 넓적다리를 베어 약으로 먹게 하고 손가락을 잘라 피를 목에 넘겨 병을 낫게 했다는 얘기가 전한다. 이런 효행은 나눔의 삶과 다름이 없는 소중한 덕행이 아니던가?

선처흠(宣處欽 : ?~1921) 선생 부부의 효성을 기리는 효열각

이곳을 돌아보면서 이 종택에 대해 잘못 알려진 사실들이 있음을 알았다. 먼저 이 집의 건축 기간이 중구난방으로 알려져 있는데 종택 앞에 세워진 안내판에는 1904년 짓기 시작하여 1921년에 완공했다고 되어 있고 인터넷에는 심지어 건축기간이 2년이라 하는 사람도 있다. 그러나 종손 선민혁 선생(67살)에 따르면 건축기간은 정확히 9년 8개월이라고 확인해 주었다. 여기에 3년 정도 걸렸다는 관선정 등의 건축기간을 보태면 13년 정도 걸렸다고 보아야 한다.

또 이곳 종택을 영어로 "H형" 가옥이라고 말한다. 하지만, 당시 집의 구조를 알파벳으로 말하는 사람은 없었을 것이다. 당연히 한자 공(工)자를 써서 "工자형" 주택이라고 해야 맞다.

또 모두가 이곳을 "선병국 가옥"으로 소개하는 있는데 이는 "선정훈 종택"으로 바꿔 불러야 좋겠다는 생각을 해보았다. 왜냐하면 이 집을 애초에 지은 분은 선병국 선생이 아니라 선영홍, 선정훈 선생이기 때문이다. "관선정(觀善亭)"으로 부르는 것도 괜찮을 듯했다. 일제강점기에 민족교육을 담당하면서 겨레 혼을 심어준 정신을 감안 한다면 이 집은 단순한 "아흔 아홉칸 한옥집" 이상의 가치를 지닌 집이기 때문이다.

"노블리스 오블리제"를 기쁘게 실천해온 철학이 고스란히 배어 있는 선정훈 종택을 둘러보고 나오면서 집 안팎에 줄 지어 심은 푸른 소나무의

빛깔이 이 집을 지은 선영훈, 선정훈 부자의 '나눔의 정신'이 언제나 푸르게 이어지길 비는 것이 아닐까 하는 생각을 해보았다. 따뜻한 봄날 우리 일행은 선정훈 종가의 향기에 취해 어쩔 줄 모른다. 이 집 곳곳에서 뽐내는 양지꽃, 박태기꽃, 명자꽃은 이 집 식구들의 마음 그 자체이리라.

선정훈 종택의 솟을대문

100년 전 설립한 백산상회, 상해임시정부 자금줄
부산 백산 안희제 종가

부산 백산 안희제 종가

"종가의 역사에서 백산 안희제 종가를 빠뜨리면 안 됩니다. 일제강점기
항일운동에서 백산 선생이 차지하는 부분이 매우 크기 때문입니다. 나라
안에서 모은 독립운동자금의 많은 부분은 선생의 손을 통해서 상해임시
정부에 건네졌으니 선생을 빼놓고는 독립운동을 이야기할 수 없지요."

상해임시정부 초대 국무령을 지낸 석주 이상룡 선생의 증손자인 이항증
광복회 경북지부장은 종가 글쓰기에서 백산종가를 빼놓으면 안 된다고
강조했다. 〈백산상회〉라는 무역회사를 차린 뒤 비밀리에 상해로 돈을 빼
돌려 독립자금을 댄 백산 선생이야말로 조선의 독립운동에 크게 이바지
한 분이었음을 두고 하는 말이었다.

백산상회를 통해 대한민국임시정부 독립자금을 댄
백산 안희제 선생

양정의숙 재학 때 민족교육 운동을 시작,
여러 학교를 설립하며 교육운동

"새는 한가로움을 좋아하여 골짜기만 찾아드는데(鳥欲有閑尋僻谷)
해는 편벽되기를 싫어하여 중천에서 광채를 더한다(日慊偏照到中天)"

위 시는 백산(白山) 안희제(安熙濟 : 1885~1943)　선생이 17살 때 의령
군아에서 열린 백일장에서 지은 시다. 선생은 가장 먼저 시를 써내 군수

로부터 칭찬을 받고 후한 상을 받았다. 이 시를 보면 이미 백산 선생은 어렸을 때부터 민족을 위한 큰 인물임이 될 것을 예고하고 있음을 알 수 있다. 일곱 살 때부터 집안의 형인 안익제로부터 한학을 배우기 시작하여 19살이던 1903년 7월에는 당시 영남의 유명한 유학자들과 섬진강 부근을 유람하며, 32수의 한시를 지어 《남유록(南遊錄)》에 남겼다.

백산 선생이 19살 때 지은 한시집
《남유록(南遊錄)》

하지만 이 무렵 나라의 운명은 바람 앞에 등불 같았다. 을사늑약으로 국권까지 빼앗기자 선생은 집안 어른들에게 신학문을 배울 뜻을 밝혔다. "나라가 망해 가는데 선비가 어디에 쓰일 것입니까? 옛 책을 읽고 실행하지 않으면 도리어 무식자만 같지 못합니다. 시대에 맞지 않는 학문은 오히려 나라를 해치는 것이니, 경성으로 올라가 세상에 맞는 학문을 하여 국민의 직분을 다하는 것이 제대로 된 공맹(孔孟)의 도라 할 수 있는데, 어찌 산 속에 숨어서 부질없이 글귀만 읽고 있겠습니까?"

그리하여 1905년 보성전문학교 경제과에 입학하였다가 양정의숙(養正義塾)으로 전학하여 전통 한학의 바탕 위에 서양의 선진 학문을 보태나갔다. 이 때 선생은 기울어져 가는 나라를 바로 세우기 위해서는 무엇보다도 겨레의 기둥이 될 청소년의 교육이 시급한 일임을 깨달았다.

선생은 이 같은 깨달음으로 양정의숙에 재학 중이던 1907년 "교남학우회(橋南學友會)"를 조직하여 가난한 학생들에게 학비를 보태고, 방학 동안에는 순회강연을 통해 민중 계몽운동을 벌여 항일 민족의식을 드높였다. 나아가 선생은 1908년 영남지방의 뜻 있는 이들과 "교남교육회(橋南敎育會)"를 만들어 잡지 발행을 통해 민중 계몽운동을 펼치면서 학교를 세우기 위한 교육재원의 확보에 힘썼다. 그 결과 1907년에는 동래 구포(龜浦)에 "구명(龜明)학교", 의령에 "의신(宜新)학교"를 세웠고, 1908년에는 자신의 고향인 입산리에 "창남학교"를 세워 민족교육과 민중 계몽운동을 해나갔다. 그뿐만이 아니었다. 1919년 11월 선생은 뜻 있는 이들과 더불어 "기미육영회(己未育英會)"를 만들고 똑똑한 청소년을 뽑아 나라 안팎에 유학시켜 조국 광복과 민족국가 건설의 인재로 기르는데 온 힘을 기울였다.

독립자금 나라 안 조달창구 "백산상회" 설립

백산 선생은 1911년 봄 일본에 견학 간다는 소문을 퍼뜨려 일제의 눈을
따돌리고 두만강을 건너 러시아 블라디보스톡으로 망명하였다. 여기에
서 선생은 안창호·이갑·신채호 등 독립운동 지도자들을 만나 조국 광
복의 길을 의논한 뒤, 모스크바로 가 있으면서 국제정세를 살피고 독립
운동의 기회를 찾았다. 그러다가 1914년 제1차 세계대전이 일어나자 나
라의 독립을 위해서는 무엇보다도 나라 안팎 독립운동세력의 유기적인
정보 연락망을 갖추고, 독립운동자금을 조달할 수 있는 나라 안 조직망
이 필요하다고 깨닫고 국내로 잠입해 작업에 착수하였다.

백산상회 광고

백산 안희제 선생의 독립운동 기지 "백산상회"

국내로 들어온 선생은 일제의 눈초리를 피해 구체적인 독립자금 확보
를 위해 동분서주하다가 가게를 운영하는 것이 유리함을 깨달았다. 그래
서 선생은 1916년 무렵 고향의 논밭 2천 마지기를 팔아 자본금을 마련하
고, 뜻 있는 이들과 함께 부산 중앙동에 포목과 건어물 따위를 파는 백

산상회(白山商會)를 세워 본격적인 활동을 시작했다. 소규모였던 상회는 1917년 합자회사로 바꾸고 1918년이 되자 주식회사로 전환했는데 이때 중요 출자자는 안희제, 경주 최부잣집 주손 최준, 경상우도관찰사를 지낸 윤필은의 아들 윤현태였다.

백산무역주식회사는 독립운동자금을 위한 나라 안 독립운동기지로 삼기 위해 영남지역 지주들이 여럿 참여해 조직한 대규모 무역회사였다. 백산 선생은 2,560주를 가진 최대주주였지만 최준 선생이 취체역 사장을 맡았다. 그것은 백산 선생이 나라 안팎의 독립운동가에게 독립자금을 지원하는데 온힘을 쏟기 위함이었다. 그러나 독립운동자금은 회사의 손익과 상관없이 계속해서 지원해야 했기에 결손이 거듭될 수밖에 없었다. 그럼에도 그걸 알고 있는 주주들은 1921년 한 차례, 1923년 두 차례나 자금을 보태 자금 위기를 막아주었다. 하지만, 이러한 지원은 장부거래 형식을 띄었기 때문에 일본경찰의 눈을 피할 수 있었다.

해방이 되고 귀국하여 경교장으로 온 김구 선생은 최준 선생을 불러 독립자금 지원에 고맙다는 말을 한 다음 독립운동자금 장부를 보여주었다. 이때 최준 선생이 준 자금이 고스란히 장부에 적혀있는 것을 보고 최준 선생은 백산 선생을 생각하며 통곡을 했다고 한다. 최준 선생이 백산 선생을 의심한 것은 아니었으나 자금 가운데 일부는 여비나 활동자금으로 썼으려니 생각했던 것이 못내 죄스러웠던 것이다. 그만큼 백산 선생은 독립운동에 자금을 완벽하게 관리했고 선생이 있었기에 어려움 속에서도 독립운동은 지속될 수 있었던 것이다.

중외일보 발행인 겸 편집인으로 맹활약

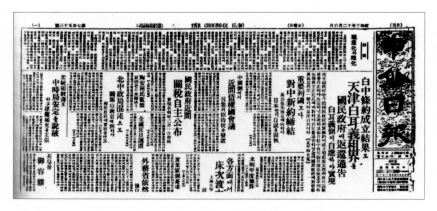

중외일보 1928년 12월 6일치 사설. 이를 빌미삼아 조선총독부는 중외일보를 정간했다.

그뿐만이 아니었다. 선생은 1920년 4월 동아일보의 창립 발기인으로 참여하였을 뿐만 아니라 최남선이 창간한 시대일보를 1926년 동지들과 함께 인수하여 중외일보로 명의를 변경하여 발행하였다. 이때부터 1931년 6월 종간할 때까지 선생은 중외일보에서 사장, 발행인 겸 편집인 등으로 활동하면서 잦은 압수와 정간처분 등 일제의 언론 탄압을 뿌리치고 젊은 기자들과 편집진의 항일 언론투쟁을 지원하였다.

때문에 조선총독부 경무국에서는 중외일보에 대해 이렇게 기록했다. "일반적으로 그 논조는 총독부의 시정을 비난, 공격하고 세계 약소민족의 독립운동을 빙자하여 조선이 독립을 하지 않으면 안 된다는 것을 풍자하고, 매사를 편견과 중상을 바탕으로 한 집필을 강행함으로써 멋모르는 민중으로 하여금 총독정치를 오해하게 하였다."

백산 안희제 선생 추모비

백산 안희제 선생 생가

농민들에게 땅을 나눠주고 농사짓게 하다

이후 선생은 국내에서의 사업을 서서히 정리하는 한편, 독립운동 근거지
를 만들기 위해 발해의 옛 서울인 만주 동경성 일대 땅을 사서 1933년 물
길을 만들고, 발해농장(渤海農場)을 설립했다. 그리고는 고향에서 일제
의 수탈에 쫓겨 만주로 혈혈단신 이주해온 300여호의 이주민들에게 5
년 동안 나누어 갚는 조건으로 땅을 나눠줌으로써 가난 구제에 큰 몫을

담당하였다. 그뿐만 아니라 2세 교육을 위해 농장지역에 "발해보통학교"를 세우고, 백산 선생이 직접 교장을 맡아 민족교육과 투철한 독립정신을 가르쳤다.

때마침 1934년 대종교 3세 교주 윤세복과 대종교 총본사가 발해농장 지역인 동경성으로 옮겨오자, 선생은 대종교에도 적극적으로 참여했다. 그것은 선생이 민족종교인 대종교를 통해 발해농장 한인 동포들의 민족의식을 드높임은 물론 종교의 힘을 빌려 조국 광복의 역군으로 기르기 위함이었다.

이후 선생은 신병 치료 차 귀향해 있던 중, 일제 경찰에게 체포되어 만주 복단강성 경무청으로 이송 수감되었다. 여기에서 선생은 일경으로부터 9달 동안 혹독한 고문과 회유를 받았지만, 끝내 굴복하지 않았다. 그 뒤 1943년 8월 3일 고문 후유증으로 인한 병보석으로 출감한지 3시간 만에 목단강성 영제의원에서 순국했다. 정부는 선생의 공훈을 기리어 1962년 건국훈장 독립장을 추서하였다.

백산상회를 설립한 할아버지의 숭고한 뜻을 국민이 잊지 말았으면

백산 선생이 부산 중구 동광동에 백산상회를 설립한지 100돌을 맞는

2014년 갑오년 백산 선생의 손자인 안경하(73) 광복회 부산시지부장의 감회는 남다르다. 그는 "조국독립을 위해 백산상회를 설립하고 투쟁한 할아버지의 숭고한 뜻을 부산시민들이 잊지 않았으면 좋겠습니다."라고 말한다.

백산 선생의 종손 안경하 광복회 부산지부장

그런데 조선의 독립운동사에 우뚝 선 독립운동가의 기념관이 초라하다. 백산기념관은 백산상회 자리에 지난 1995년 세워진 것인데 작고 협소하여 백산 선생을 기리기에는 턱없이 모자라다는 생각이 든다. 더구나 지하 형태의 전시실에 선생의 유품이 전시되어 있으니 후손된 우리 모두가 부끄러워 할 일이다. 독립운동과 민족교육사업 그리고 가난구제를 모두 해낸 위대한 백산 안희제 선생, 그 배달겨레의 영원한 영웅을 기리는 번듯한 기념관이 세워질 날을 고대하며 나는 우울한 마음으로 기념관을 빠져 나왔다.

을사오적 처단 상소 올리고, 24일 단식 끝에 자정순국
안동 향산 이만도 종가

05

을사오적 처단 상소 올리고, 24일 단식 끝에 자정순국

안동 향산 이만도 종가

"'얘 얘 이 책도 담아라' 단식원을 가려고 짐을 꾸리는 나에게 엄마는 《향산 이만도》라는 책을 찔러 넣어 주셨다. 나는 올해 스물여섯 살로 대학원에서 영문학을 전공하고 있으나 고질적인 아토피로 이 약 저 약을 쓰다 급기야 엄마 손에 이끌려 화순군에 있는 한 단식원에 내려가기로 한 것이다. (가운데 줄임) 아마도 엄마는 내가 밥을 먹지 못할 때 이분을 떠올리라고 책을 넣어 주신 것 같다. 새삼 엄마의 마음 씀에 눈가가 촉촉이 적셔옴을 느낀다. 단식은 죽음에 이르는 시일이 오래 걸리기 때문에 다른 어떤 자결보다 고통스럽고 강한 의지가 필요할 것이라는 것을 이번 단식을 통해 깨달았다. 향산 이만도 애국지사의 강인한 저항정신이 절절이 몸에 와 닿았다."

이 글은 내가 1만여 명의 독자들에게 누리편지로 보내는 한국문화편지 "얼레빗으로 빗는 하루"에 한 독자가 보내온 글이다. 아토피를 고치기 위한 단식을 하면서 힘들 때 읽어 보라고 딸 손에 건네준 향산 이만도 선생에 관한 책을 그 엄마는 이미 읽은 모양이다.

단식 21일째 흐트러지지 않고, 일제 경찰에 호통치다

안동댐 공사로 수몰되어 1976년 현재의 안동시 안막동으로 옮겨온 향산고택

우리나라가 일제에게 국권을 강탈당하고 강산이 유린되는 한말 풍운의 역사 속에서, 일제의 침략에 항거하여 순국 자결한 인물들은 많았다. 그 가운데 가장 우뚝 선 분이 바로 향산(響山) 이만도(李晚燾 : 1842~1910) 선생이다.

"나는 나라로부터 두터운 은혜를 입었는데 첫 번째 을미년에 죽지 못하였고, 다시 을사년에 죽지 못하고 산으로 들어가 구차하게 목숨을 연장한 것은 혹 쓰임이 있을까 해서였다. 이제 그럴 수 있으리라는 희망이 없으니 죽지 않고 살아서 무엇을 바라겠는가? 변란(경술국치) 소식을 듣고 여러 날이 지났는데 아직 이렇게 결행이 지연되고 있는 것은 자진하는 방법을 찾지 못하였기 때문이다. 이제 뜻이 정하여졌으니 장차 명동에서 죽고자 한다." 순국을 결심한 후에 선생이 했던 말이다.

1894년(고종 31) 6월 개화당 정부가 성립되고 청일전쟁이 일어나자 조선 정부는 일본과 공수동맹을 체결하고, 자주 독립을 천명하였으며, 내정의 혁신을 단행하였다. 이 때 이만도 선생은 "이는 오로지 속 검은 왜놈들에게 우롱당하는 것"이라 하여 즉시 그 불가함을 상소하였으나 이른바 개혁을 한다는 명분으로 신하의 상소를 막았기에 임금에 까지는 전달되지 않았다. 이듬해 8월 명성황후가 일제에 의해 피살되자 상복을 입고 일월산 국사봉에 올라 한양을 향하여 통곡하였다. 그해 11월 의병을 일으켜 의병장에 추대되었으나 미처 대오가 정비되기 이전에 관군에게 안동의병진이 무너지고 의병을 해산하라는 왕명이 내려져 군사를 해산할 수밖에 없었다. 1905년 을사늑약이 체결되자 을사오적을 극형에 처하고 을사늑약을 철회하라는 상소를 올리고 고향을 떠나 산속을 옮겨 다녔다. 집에서 안주할 수는 없다는 생각이었다. 그러다 1910년 8월 경술국치의 변을 들은 선생은 청구촌율리(靑丘村栗里, 지금 예안면 인계동)에 있는 재종손 강흠의 초당을 찾아 단식을 결행하였다.

향산 이만도 선생이 을사오적을 극형에 처하고 을사늑약을 철회하라며 올린 "청참오적소"

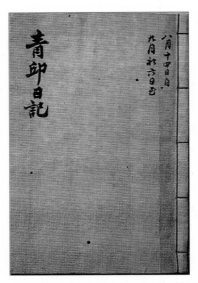

선생의 문하생들이 자정 순국과정을 기록한
《청구일기(靑邱日記)》

선생의 문하생들이 자정 순국과정을 기록한 《청구일기(靑邱日記)》는 읽
는 사람들로 하여금 진한 감동을 준다. 단식기간 동안 가족과 친척은 물
론 그를 존경하고 사랑하는 많은 사람들이 그의 곁에서 애를 태웠다. 하
지만, 선생은 단식 중에도 많은 사람과 대화를 나누었고, 자손과 친척들
에게 충성과 효도, 공경, 우애 등을 가르쳤다. 그리고 영영 만나지 못할
것 같은 지인들에게는 편지를 썼다. 단식을 시작한 지 21일째인 9월 5일
일제 경찰이 와서 강제로 미음을 먹이려 하자, 그는 "나는 내 명(命)으로
죽을 것이다. 지금 너희들이 나를 속히 죽이고자 하느냐. 나를 속히 죽이
고자 하면 즉시 총을 쏘아 죽여라."고 소리치면서 가슴을 열어젖힌 채 고

함을 질렀다. 선생은 "나는 조선의 당당한 정2품 관료이다. 어떤 놈이 감히 나를 회유하며, 어떤 놈이 감히 나를 공갈하고 협박하려 드느냐." 라고 일경(日警)들에게 호통을 쳤다. 그러던 단식 24일 만인 1910년 9월 8일 끝내는 조선 선비의 기개를 지녔던 퇴계 11대손 향산 선생은 목숨을 거뒀다. 선생의 순국은 나라는 망해도 조선의 선비 정신은 조선소나무처럼 푸르게 살아있다는 것을 온 몸으로 보여준 것이었다.

선생은 자신의 단식이 과장되어 전파되는 것을 몹시 경계하였다. 그러나 선생이 단식으로 일제에 항거한다는 소식은 당시 지식인들에게 큰 힘이 되었음은 물론 많은 백성이 선생의 단식 소식에 두 주먹을 불끈 쥐고 나라를 위해 몸을 바치겠다고 다짐할 정도였다. 하루에도 100여명의 사람들이 단식 중인 선생을 방문하였다.

향산 이만도 선생 건국공로훈장증

양산군수 시절, 자신의 녹봉으로 굶는 이들 구제

선생은 중앙조정에서 주로 언관(言官, 사간원·사헌부 등 임금에게 간언하는 일을 맡은 관원)의 직책으로 10여 년 동안 일한 끝에 1876년 11월 양산군수로 내려갔는데 이때 선정을 크게 베풀었다. 더욱이 그가 부임하던 해는 양산에 가뭄이 심하게 들어 많은 백성이 굶게 되자 스스로 검소한 식생활을 했고, 특히 기근이 심하던 마을에 직접 가서 백성을 위로 위로했다. 그리고 관내 굶는 백성 1,500여명에게 자신의 녹봉에서 내놓은 9백 냥에 부자들에게 거둔 2천 냥을 나누어 주었고 사창미 5백석을 풀어 이들을 구휼하였다. 이듬해 5월에 폭우가 내려 낙동강변 70리 들판이 물에 잠겨 백 수십여 호의 이재민이 발생하자 관곡을 풀어 이들을 적극적으로 구제하였다.

이러한 공적으로 선생에 대한 주민들의 칭송이 자자했다. 1877년 9월 경상감사는 선생의 치적을 으뜸으로 보고하였으며 1878년 3월에 어사 또한 향산의 치적이 가장 훌륭하다고 보고 했다. 독립운동이 나라와 백성을 위해 몸을 바친 것이라면 굶는 백성을 구제하는 것도 역시 같은 마음일 것이다. 자신의 출세와 안녕이 아니라 오직 나라와 백성을 위한 진정한 마음가짐의 선생은 결국 일제에 맞서 거룩한 순국을 택할 수밖에 없었음이리라. 향산 선생이야말로 이 시대에도 본받아야할 진정한 충신이요, 거룩한 목민관임이 분명하다.

향산 선생의 아들 이중업, 며느리 김락, 손자 이동흠의 훈장증

현손 이부(李溥) 선생을 만나러 서울 서초구 댁에 찾아갔다. 댁에는 향산 선생과 아들 이중업, 며느리 김락, 손자 이동흠의 훈장증이 나란히 걸려 있었다. "어렸을 때 향산 할아버님 단식 얘기는 많이 들었습니다. 하지만 할아버지와 할머니 그리고 아버지 독립운동에 관한 얘기는 전혀 듣지 못했지요. 향산 할아버지께서 자신의 단식을 두고 지나치게 높여 기리는 것을 경계했는데 이후 후손들에게 그 정신이 전해진 까닭일 것입니다."라고 말했다. 현손 이부 선생은 직장생활을 하다가 정년퇴직한 뒤 날마다 서예를 하면서 자신을 닦고 있었다.

소탈한 그리고 선조의 독립운동에 대한 자부심이 묻어나는 현손과 마주하고 이야기를 나누는 과정에서 향산 종가에 대한 경외심이 다시 느껴졌다. 문득 향산 이만도 선생의 며느리이자 여성독립운동가인 김락 지사에 대한 시 한편이 떠올랐다.

향산 이만도 현손 이부 선생

나라의 녹을 먹고도 을미년 변란 때 죽지 못하고
을사년 강제 조약 체결을 막아 내지 못했다며
스무나흘 곡기를 끊고 자결하신 시아버님

아버님 태운 상여 하계마을 당도할 때 마을 아낙 슬피 울며
하루 낮밤 곡기 끊어 가시는 길 위로 했네

사람 천석 글 천석 밥 천석의 삼천 석 댁 친정 큰 오라버니
백하구려 모여든 젊은이들 우국 청년 만들어

빼앗긴 나라 찾아 문전옥답 처분하여 서간도로 떠나던 날
내앞 마을 흐르던 물 멈추어 오열했네

의성 김 씨 김진린의 귀한 딸 시집와서
남편 이중업과 두 아들 동흠 중흠 사위마저
왜놈 칼 맞고 비명에 보낸 세월

쉰일곱 늘그막에 기미년 안동 예안 만세운동 나간 것이
무슨 그리 큰 죄런가
갖은 고문으로 두 눈 찔려 봉사 된 몸
두 번이나 끊으려 한 모진 목숨 11년 세월
그 누가 있어 한 맺힌 양가(兩家)의 한을 풀까

향산 고택 툇마루에 걸터앉아
흘러가는 흰 구름에 말 걸어본다
머무는 하늘가 그 어디에 김락 여사 보거들랑
봉화 재산 바드실 어르신과 기쁜 해후 하시라고
해거름 바삐 가는 구름에게 말 걸어본다.

– 이윤옥 시 "독립운동가 3대를 지켜 낸 겨레의 딸,
아내 그리고 어머니 '김락' "–

이윤옥 시인의 노래는 국난의 시기에 향산 이만도 선생과 그 집안의 굳은 독립의지를 절절이 느끼게 한다. 자랑스러운 조상을 두고서도 겸손한 자세로 나지막하게 할아버지 향산 어르신의 이야기를 들려주는 현손 이부 선생 집을 나오며 언젠가 읽은 《거룩한 순국지사 향산 이만도》의 가슴 치는 글귀가 내 마음을 아프게 했다.

"병든 신하가 궁궐 계단에 머리를 부수지 못하고 다리를 절면서 글만 던지고 있다. 하늘을 움직일 수 있는 정성이 없으니 비답을 받지 못하는 것이 당연하다. 지은 죄가 극에 달했구나. 어찌 감히 집에서 평소 같이 살 수 있겠는가. 선영 아래 산 채로 묻히는 것이 마땅하다."

나라 독립에 재산과 목숨을 다 바치다
안동 임청각 석주 이상룡 종가

06

나라 독립에 재산과 목숨을 다 바치다

안동 임청각 석주 이상룡 종가

종가

"나라를 찾기 전에는 내 유골을 고국으로 이장하지 마라"는 유언을 남긴 안동 유림의 거목으로 대한민국임시정부 국무령(대통령)을 지낸 석주 이상룡(石州 李相龍 : 1858~1932) 선생이 태어난 경북 안동의 임청각(보물 제 182호)을 찾아 간 날은 5월 중순인데도 30도에 육박하는 무더위가 기승을 부렸다.

그런데 임청각으로 들어가는 들머리(입구)가 왜 이리 복잡할까? 낙동강을 따라 난 육사로에서 법흥교와 맞닿은 법흥6거리를 지나자 왼쪽으로 "임청각"이란 안내판이 보이지만 철길이 놓여 있어 쉽게 접근 할 길을 찾지 못해 전화 통화 뒤에서야 겨우 집으로 들어가는 입구를 찾을 수 있었다.

임청각, 일제의 흉계에 의해 훼손되다

석주 이상룡 선생의 종택 임청각 전경, 일제가 중앙선 철도를 놓으면서
임청각 마당으로 철길을 내 크게 훼손되었다.

중앙선 철도 지도, 임청각을
훼손하기 위해 직선코스
(붉은 표시부분)가 아닌
먼길을 돌아 임청각 마당 한가운데로
철길을 놨다.

그 까닭을 확인하니 일제강점기 일제의 흉계에 의한 결과물이었다. 일제는 중앙선 철도를 놓으면서 항일투사의 집을 아예 없애려 했다. 그러나 여론이 좋지 않자 집 몇 채를 허물고 마당으로 철길을 내버린 것이다. 철길이란 보통 직선이 원칙으로 안동에서 영주로 가는 철도라면 35번 국도를 따라 내는 것이 공사비도 적게 들고 공사도 쉬웠을 텐데 구태여 임청각을 훼손하면서 까지 이곳에 철길을 낸 것은 음험한 짓이었다.

민족지도자의 집인 임청각이 눈엣가시였던 일제는 십여 킬로미터를 더 돌아 세 개의 굴(터널)을 뚫고 옹벽과 축대를 쌓는 등 두 번이나 급하게 휘면서 임청각 마당 앞에다 철도를 놓았던 것이다. 마당에 들어서면 바로 그 철길 때문에 맥이 끊긴 듯 가슴이 답답하다. 이제 철도를 서쪽으로 옮기고 임청각을 제대로 복원한다니 천만다행이나 참으로 늦었다는 생각이 들었다.

이중환이 택리지에서 "임청각은 귀래정 영호루와 함께 안동의 명승이다"라고 했을 만큼 정경이 빼어난 곳이다. 이 집은 영남산 기슭 비탈진 경사면을 이용하여 계단식 기단을 쌓고 건물을 배치하여 어느 방에서도 하루 종일 햇빛이 들도록 채광효과를 높였으며, 낙동강을 바라보는 배산임수의 전형적인 집 구조를 하고 있다.

석주 이상룡 종가의 종손 광복회 경상북도 지부장
이항증 선생

선생의 증손자인 종손 이항증 선생(75살)은 여러 번 서울에서 뵙고 말씀
도 나눈 사이지만 이렇게 임청각에 와서 집안 이야기를 듣자니 가슴이
먹먹해 왔다.

정갈한 대청마루에 마주 앉자 종손은 이 집에 대한 이야기를 마치 전설
의 실타래를 풀듯 풀어낸다. 흔히 종가에는 종부가 터줏대감처럼 자리하
고 있지만 식구들은 이 집에 거하지 않고 종손 혼자 내려와 살고 있다.
그러나 집 안팎이 매우 정갈하고 깔끔했다.

"이 집은 난방도 잘 안되고 해서 겨우살이가 아주 힘듭니다. 지난겨울에 참 고생했어요. 하지만, 올봄 광복회 경상북도지부장을 맡아 이곳에 계속 머물러야 합니다."

임청각 군자정 내부에는 석주 선생 사진을 비롯한 정부로부터 받은 훈장 등이 걸려 있다.

종손의 말처럼 현재는 생활하기가 불편한 점이 많을 것이다. 다른 종가처럼 누대로 종택에 살아 온 게 아니라 일제강점기에 할아버지를 비롯한 어른들이 모든 재산을 처분하고 만주로 떠나 그곳에서 생을 마감하다보니 종가집의 운명도 그와 같이 할 수밖에 없었다. 대담 중에 간간이 기차가 마당 앞으로 난 철길로 덜커덕 소리를 내며 지나갈 때마다 일제의 망령이 아직도 청산되지 않고 활개를 치고 있다는 생각이 들었다.

근황을 묻고 나자 종손은 집안 내력을 이어갔다.

"석주 선생의 윗 선대인 이증(李增) 선생은 세조가 단종의 왕위를 찬탈하는 것을 보고 관직을 버리고 안동으로 낙향하여 이곳에 터를 잡게 되었지요. 임진왜란 때는 임청각 주인의 5형제가 의병에 참가한 바 있습니다.

석주 선생은 퇴계학 공부를 완성한 분입니다. 선생은 17살 때 당시 빼어난 유학자이셨던 서산(西山) 김흥락(金興洛) 선생 문하로 들어가서 공부했는데 만주로 떠나던 해는 54살 때로 이미 큰 유학자로 존경받고 있었습니다. 당시 전국에서 60여 명의 유학자들이 나라를 잃은 의분에 자결했고 안동에서만 10여명이 자결했지만, 석주 선생은 생각이 달랐습니다. '우리가 죽으면 쾌재를 부르는 것은 일본이다. 따라서 끝까지 싸우다 죽는 것이 우리가 할 일이다.'라고 생각하셨지요. 그래서 모든 것을 바쳐 독립운동의 길로 갈 수밖에 없었던 것입니다."

석주 선생은 50년간 공맹(孔孟)을 했지만 헛공부를 했다고 생각했으며, 나라를 지키지 못하는 지식은 쓸모없다고 말했다고 종손은 말한다. 선생은 큰 유학자였지만 기독교사상은 물론 유학에서 이단 취급했던 양명학까지 아울렀던 가슴이 큰 학자였다.

만주로 떠나기 전 신주를 묻다

"석주 선생은 만주로 떠나기 전 사당 뒷산에 신주를 모두 묻었습니다. 선생은 나라가 없으면 신주도 의미 없는 것이라 말씀하셨고, 죽기 직전 나라를 되찾기 전에는 유골을 고국으로 가져가지 말라고 유언하셨으니까요. 그래서 우리는 종가지만 신주가 없습니다. 아마도 당시 신주를 묻은 일로 안동 유림사회에서 큰 문제가 됐을 겁니다."

대한민국임시정부 초대 국무령 석주 이상룡 선생

임청각 뒤 사당, 만주로 떠나기 전 사당 뒷산에
조상의 신주를 묻고 떠나야 했던 그 심정은 어땠을까?

석주 선생. 정말로 큰 인물이라는 생각이 머리를 휘어잡는다. 유학의 큰
인물이 유학의 가르침을 부정하는 일을 어디 쉽게 할 수 있었을까?

"만주에서는 이런 일도 있었습니다. 선생의 손자가 청년 대표로 뽑혔지
만, 나는 양대독자인데 할아버님과 아버님이 건강도 안 좋으셔서 내가
보살펴드려야 하기에 대표는 어렵다고 사양했습니다. 이를 안 선생은 손
자를 불러 나라를 되찾아야 할 때 집 걱정이 가당키나 하느냐. 나라 찾기
에 전념하라고 호통을 치셨지요."

요즘 자식 군대 안 보내는 공직자가 많은데 이들은 석주 선생이 살아계셨다면 크게 호통을 치셨을 것이라는 생각이 들었다.

"당시 재산을 다 팔고 떠났는데 오늘날 돈으로 계산하니 처분한 재산이 400억 원은 넘는다고 하는 말이 나돕니다. 하지만, 정확한 금액은 아무도 모르지요. 다만, 당시 집만 남기고 30리 정도 되는 임동장터를 모두 팔았으니 큰 재산을 처분한 것은 확실합니다. 또 1905년 15,000금을 거두어 가야산에 항일 기지를 만들었다는 얘기도 있습니다."

요즘 부자들이 자신의 부를 늘리려고 온갖 불법을 저지르는 것을 보면서 당시 나라를 위해 모든 것을 희생했던 석주 선생의 실천적인 삶은 정말 보통 사람이 흉내 낼 수 없는 일이었을 것이란 생각이 들었다. 석주 이상룡 선생이야 말로 진정으로 '오블리스 노블리제'를 제대로 실천한 사람이 아닐까? 이 시대에 과연 그런 사람이 다시 나올 수 있을지 의심스럽다.

만주로 떠난 석주 선생은 광복 후에 호적도 없었다. 그러다 법원의 판결로 석주 선생의 호적이 다시 부활되었지만 정부는 단순히 법만 개정하고 나머지는 개인이 알아서 처리하도록 팽개쳐 이후 변호사 비용 등 무려 500만 원 가까운 비용을 들여서야 호적을 정리 할 수 있었다. 정부는 나라를 빼앗긴 적국치하에서 부당하고 억울한 호적이나 재산상의 문제를 찾아 정리해줘야 하는 기구를 두었어야 했는데 이러한 것을 모두 개인에게 맡겼으니 힘없는 후손들이 살아낸 지난한 과거는 말로 다 형언할 수 없는 일이리라.

※일제시 망명 평생 항일투쟁을 한 이상룡 선생에게 2012년 1월 9일자로 대한민국 호적을 인정하는 판결문이다.

석주 선생은 광복 후에 호적도 없어 후손이
500만원을 들여 법원의 판결로 호적을 받았다.

또 하나 임청각에는 아직도 해결되지 못한 것이 있다. 임청각은 석주 선생이 만주로 독립운동 하러 가면서 종가의 친척들에게 명의를 이전해놓고 갔다. 그러나 아들, 손자까지 독립운동 끝에 목숨을 잃고 해방 뒤 증손은 나이가 어려 임청각 명의를 정리할 수 없었다. 그 뒤 증손 이항증 선생이 나이가 들어 명의를 정리하려 했을 때는 명의자로 있던 이들의 후손이 엄청나게 늘어 그들을 일일이 찾아 포기각서를 받느라 큰 어려움을 겪어야 했다. 그렇게 해서 겨우 정리를 하고 법원 판결까지 받았지만 시행령에 걸려 지금도 명의를 이전하지 못했다.

사실 임청각은 독립운동의 성지면서 나라가 지정한 보물이므로 정부가 나서서 명의를 정리해주어야 하는데 후손에게 떠넘긴 상태에서 해결되지 못하고 지금까지 후손이 고통을 받아야 하는지 이해가 되지 않는다. 올해로 광복 70년이 되었지만 아직 임청각의 상처는 치유되지 않고 있다.

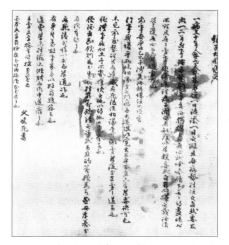

석주 선생의 아들 이준형 선생이 자결하기 전에 쓴 유서. "일제하에서 하루를 더 사는 것은 치욕을 더 하게 될 뿐이다."라는 내용이 담겨 있다.

엄청난 재산을 처분하고 독립운동에 투신한 이항증 선생의 증조할아버지 석주 선생이 1932년 만주에서 세상을 뜨고, 할아버지 이준형은 1942년 일제의 변절 강요에 저항하여 '일제 치하에서 더 사는 것은 수치만 더 보탤 뿐이다.'라는 말과 함께 자결했다. 아버지 이병화 선생은 1952년 한국전쟁 와중에 병사해 이항증 선생의 어린 시절은 이루 말 할 수없는 고난의 가시밭길을 걸어야 했다. 그럼에도 대담 내내 종손 이항증 선생은 겸손한 인품으로 독립운동가를 둔 후손들이 겪었을 어려움을 크게 내색하지 않았다.

공부도 남들처럼 번듯하게 할 수 없었음은 물론 남의집살이를 밥 먹듯이 해야 했으며, 심지어 아버지 없는 조카 결혼식에 여덟 번이나 혼주 자리에 앉아야 하는 일도 있었다고 회상했다. 그러나 그런 일들은 자신만이 아닌 독립운동가 후손이면 누구나 겪는 일이라고 말한다.

나라를 위해 목숨을 바치고도 그 후손들이 풍찬노숙을 해야 하고 고통을 받는다면 앞으로 그 누가 나라를 위해 초개 같이 목숨을 버릴 것인가? 종가 이야기를 쓰면서 어떤 종가보다도 더 큰 나눔을 실천했으면서도 큰 고통을 받았던 임청각은 내 가슴에 커다란 구멍 하나를 뚫어 놓았다. 다른 종택에서 흔히 볼 수 있는 수십, 수백 개를 헤아리는 장독 하나 없음은 무엇을 말해 주는 것일까? 모든 국민이, 배달겨레가 우리의 임청각을 찾아 독립운동의 처절한 역사적 사실에 귀 기울일 때에만 그 구멍은 메워질 수 있을 것이란 생각이 들었다.

사재 털어 교육사업, 초가종택의 청빈한 삶
서천 청암 이하복 종가

07

사재 털어 교육사업, 초가종택의 청빈한 삶
서천 청암 이하복 종가

충남 서천의 청암 이하복 종가를 찾아가는 날, 서둘러 용산에서 무궁화 열차를 탔다. 꽤 오랜만에 타보는 열차다. 누렇게 익어가는 가을들판이 시야에 들어오기도 전에 나는 오늘 찾아가는 청암 이하복(靑菴 李夏馥 : 1911~1987) 선생에 대한 자료를 다시 확인해보았다. 청암 선생 삶의 발자취를 찾아 떠나는 길은 미리 친절하게 교통편을 알려준 종부 이옥진 여사 덕에 헤매지 않고 바로 찾을 수 있었다. 취재를 요청하느라 전화를 걸었더니 종부는 세심한 부분까지 신경을 써서 찾아 가는 길이 수월했다.

서천역에 내려 택시를 탔다. 그리곤 이내 동강중학교로 방향을 잡았다.

학교 행정실장의 안내로 아담한 학교 전경을 찍었다. 이곳은 청암 선생이 세운 학교이다. 학생 수 50여명이 채 안 되는 작은 학교지만 교정에서 만난 학생들은 카메라를 멘 나를 보자마자 너나없이 해맑은 인사를 한다. 이하복 선생의 철학이 전해졌을까? 학생들에게 설립자가 누구인지 아느냐고 물었다. 무슨 일을 하셨는지 자세한 설명은 주저했지만 설립자가 이하복 선생님으로 대단히 훌륭한 분이었음은 알고 있었다. 취재의 시작이 정말 기분 좋다.

어른들 반대에도 여동생 몰래 소학교 입학 시켜
학생들 전쟁터 내모는 일제에 항거 교사직 내던져

사재 털어 교육사업을 한 청암 이하복 선생

청암 이하복 선생은 8살까지 서당에서 맹자까지 공부했다. 그런데 교육에 타고난 철학을 가지고 있었을까? 선생은 이미 10~15살의 나이에 신학문을 배우면서 소작인 아들들에게 야학을 열었다고 한다. 기막힌 일이다. 그뿐만이 아니다. 여성들의 교육에 부정적이셨던 할아버지와 아버지 몰래 여동생을 소학교에 입학시켰다. 그러자 할아버지와 아버지가 드러눕는 평지풍파가 일었다. 그럼에도 선생은 자신의 뜻을 굽히지 않았다니 남녀노소, 귀천 없이 교육을 받아야 한다는 철학이 이미 십대에 분명해졌다는 증거이리라.

이후 선생은 일본 와세다대학 경제과를 졸업하고 보성전문학교(현 고려대학교)에서 교편을 잡았다. 하지만 1944년 일본이 학생들을 강제로 제국주의 전쟁터로 내모는 것에 격분해 교편을 내던지고 고향인 서천으로 내려와 농촌계몽운동을 시작했다. 특히 선생은 농한기인 겨울, 사랑방마다 노름으로 시간을 보내던 청년들을 설득해 가마니를 공동으로 짜서 판매하는 '가마니조합'을 만들었고, 청년들이 스스로 일어설 수 있도록 돕는 운동을 펼쳤다.

광복이 되자 선생은 학교에 다니기 힘든 학생을 위해 1946년에는 동강고등공민학교, 1949년에는 동강학원과 동강중학교를 설립해 교이제민(教而濟民), 곧 가르침으로 어려운 이를 구한다는 것과 교육보국 곧 교육으로 나라를 지킨다는 신념을 실천했다.

와세다 제2고등학원 졸업기념 교장선생님과 (맨 왼쪽)

이하복 선생이 설립한 동강중학교 전경

여기서 더 중요한 것은 청암의 청빈한 삶을 말하지 않을 수 없다. 자신의 재산을 털어 학교를 세울지언정 자신의 초가를 기와로 덮고 확장하는 일은 죽을 때까지 하지 않았던 것이다. 우리나라 근·현대 격동기를 거치며 사회 계몽운동에 모든 것을 바친 이 청렴한 청암은 무덤가에 비석조차도 세우지 못하게 했다. 그래서 그의 생가는 지금도 여전히 초가집이며 화려하지 않은 그의 집 앞에는 소원대로 "왔다, 사랑했다, 갔다"라는 글귀가 새겨진 소박한 빗돌만이 말없이 서 있어 찾는 이의 마음을 숙연하게 한다.

어려운 아이들 위해 동강학원 설립으로 교육보국
"왔다, 사랑했다, 갔다" 생가 앞 소박한 빗돌

"왔다, 사랑했다, 갔다"가 새겨진 빗돌 뒤로 초가 네 채가 서 있다. 그간 여러 종택을 다녀 보았지만 그 어디에도 초가로 된 종택은 없었다. 다만, 나주 박경중 가옥 안에 박준삼 선생이 마음이 우울한 때면 잠을 자면서 마음을 다스린 "편안한 방"이라 부르는 초가가 한 채 있을 뿐이었다.

'왔다 사랑했다 갔다'라고 새겨진 생가 앞의 소박한 빗돌

중요민속문화재 제197호 서천 이하복 가옥(충남 서천군 기산면 신막로 57번길 32-3)은 200여 년 전 한산이씨(韓山李氏) 목은 이색(牧隱 李穡 : 1328~1396) 선생의 18대손 이병식 선생이 처음 안채 3칸을 짓기 시작한 뒤 그 아들이 20세기 초 사랑채, 아래채, 위채(웃채)를 지었다고 한다. 남서향으로 자리 잡은 초가는 안마당을 중심으로 안채와 사랑채가 나란히 'ㅁ'자형으로 배치되어 있고, 사랑채 오른쪽 중문을 사이에 두고 아래채와 위채가 마주보고 있다. 우리나라 중부지방의 전통 초가의 모습을 그대로 보존하고 있는 곳이다.

이런 귀한 초가가 보존될 수 있었던 것은 1970년대 새마을운동의 하나로 농촌 주택개량사업이 추진될 때도 이 집만은 절대 훼손할 수 없다고 완고하게 버텼기에 가능했던 것이다. 그 고집은 결국 이 시대에 문화유산 보존이라는 훈장을 다는 결과가 되었다.

그러나 문화재로 지정되어 문화재청이나 지자체에서 훼손되거나 노후된 부분을 보수해 준다고 하지만 초가를 관리하는 것은 여간 힘든 게 아니다. 해마다 계속되는 초가지붕 이엉 잇기, 집안 곳곳에 산재해 있는 각종 생활용품과 유물들을 보존하는 일도 만만치 않아 보였다. 이런 일들은 이하복 종가 사람들의 분명한 철학이 아니면 불가능한 일일 것이다.

그래도 명색이 종가라면 어느 정도 재산은 있었을 것이라고 생각하는 게 일반적인 일이다. 그렇다면 청암 선생 집은 왜 초가였을까? 집뿐이 아니었다. 청암의 장남 이기원 선생과 손자인 현 종손 이세준 선생은 등록금을 내주지 않는 가풍에 학교 다니는 동안 학비까지 벌어야 했기에 쉽지 않은 학창생활을 보내야 했다고 한다. 집을 초가로 유지하고 자식들 학비조차 주지 않았던 데는 다 까닭이 있었던 것이다. 청암 선생이 동강학원을 설립하고 나서야 가족들은 청암 선생의 깊은 뜻을 이해하게 되었다고 한다.

이하복 선생의 청빈함을 보여주는 생가(중요민속문화재 제197호)

종손 이세준 선생은 말한다. "할아버지께서는 아마도 자연이나 문화재 보호에 투철한 생각을 가지셨을 것으로 생각됩니다. 원래의 것이 지속가능 상태가 되어야 한다는데 유념했던 것이지요. 또 이 지역에서는 짚이 많이 나오는데 그것을 활용해야 한다는 생각을 하신 것 같아요."

후손 이세준 선생
"경제적 빨강화폐, 정신적 파랑화폐 공존하는 세상 꿈꿔"

종손은 지금 여의도에서 치과의사로 개업 중이다. 서천에 다녀 온 뒤로 병원이 끝나는 시간에 맞춰 약속을 했다. 온화한 모습의 종손과 종부는 마치 오래 전부터 아는 사람처럼 반갑게 나를 맞이했다.

"어릴 땐 제대로 뒷받침을 해주지 않으시는 아버님이나 할아버님을 원망한 적도 있었습니다. 하지만, 이제 와서 바라보니 아버님이나 할아버님은 자신이 가진 철학을 지켜내기 위해 버티신 건 아닌지 못난 자식으로서 안타깝다는 생각이 듭니다.

이하복 종가 종손 이세준 선생

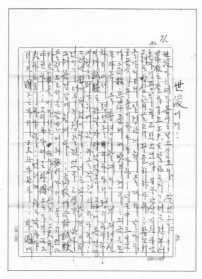

할아버지 이하복 선생이 손자 세준에게 보낸 편지

전 세대와는 환경이 많이 달라진 지금 저는 한 가지 업그레이드해야 할 부분이 있다고 생각합니다. 그분들은 사명감에 이를 악물고 버텼을 것이지만 이제 웃으면서 즐길 줄 아는 자세가 필요합니다. 그래야 만 지치지 않고 훌륭한 가치를 끝까지 지켜낼 수 있으리란 생각입니다.”

21세기 지식인다운 문화유산 보존법이라고 해야 할까? 그러면서 종손은 빨강화폐, 파랑화폐가 공존하는 사회가 되었으면 좋겠다고도 했다. 다시 말하면 기존 화폐대로 경제적 가치를 따지는 돈은 여전히 필요할 것이지만 정신적, 철학적 가치를 지니는 파란돈이 통용된다면 이 세상은 훨씬 의미 있는 곳으로 변화할 것이라고 말한다. 이 역시 21세기 종손다운 훌륭한 생각이다.

초가 종택으로 시집 와 오랜 세월 함께 한 종부도 자신의 생각을 들려준다.

"저는 시집와서 책에서만 보던 그런 집안을 만났다는 생각을 했습니다. 그래서 돈이란 가치에 대해서 다시 되돌아볼 수 있었습니다. 가끔 초가 마루에 걸터앉아 있으면 시간이 멈춘 듯합니다. 물질적으로 생각하면 초가는 불편하고 현대에는 맞지 않는다는 생각을 하겠지만 오히려 지금은 초가가 남아 있는 곳이 별로 없기에 그 가치는 점점 더 올라갈 것입니다."

종손의 아버님 이기원 선생은 다음 세대에 계속 이어가기를 바라는 마음에서 〈청암문화재단〉을 설립했다. 그러나 이 재단에 들어오는 전입금이 없기에 참으로 어려운 실정이라 한다. 요즈음 종손은 뭔가 수익사업이 필요할 것이라 생각한다. 그래서 그는 먼저 1단계로 먹거리를 활용할 고민을 하고 있다. 그런 다음 요즘 인기인 올레길이나 둘레길처럼 문화를 누리며 걸을 수 있는 산책길을 만들겠다고 말한다.

이하복 종가는 종손의 증조할아버지 대에 부를 축적했다고 한다. 서천군

한산은 예부터 모시로 유명한 곳이었다. 그래서 지역 특산품인 모시를 일본에 수출하여 번창했다. 그 부를 이하복 선생은 교육을 통한 나눔 실천으로 아낌없이 썼다. 한번 주머니에 들어가면 내놓을 줄 모르는 요즘 재벌들에게 큰 가르침이 아닐까?

흔히 젊은 세대를 두고 우리문화와 민족정신을 모르는 세대라고 걱정을 많이 한다. 그러나 이하복 가옥만 잘 활용해도 젊은이들에게 훌륭한 정신 교육을 할 수 있을 것 같은 생각이 들었다.

이미 십대에 야학을 펼쳤던 이하복 선생, 그 선생의 정신을 올곧게 보존하고 전하려는 종손 이세준 선생을 만나 이런저런 이야기를 나눈 시간은 행복했다. 이들을 통해 또 하나의 새로운 미래를 엿볼 수 있었기 때문이다. 한국인이여! 서천을 아는가? 서천은 독립운동가 월남 이상재 선생과 교육 나눔을 실천한 이하복 선생이 언제까지나 그 빛을 발하고 있는 고장임을 강조하고 싶다.

가난구휼에 앞장서다 고종의 밀명을 받고
의병총사령 되다
군산 돈헌 임병찬 종가

丙午倡義紀蹟碑

08

가난구휼에 앞장서다 고종의 밀명을 받고 의병총사령 되다

군산 돈헌 임병찬 종가

돈헌 임병찬 선생(遯軒 林炳瓚 : 1851~1916)은 1906년 전남 무성서원(武城書院)에서 의병을 일으켰으며, 경술국치 후 광무황제의 밀명을 받고 전국적 규모의 '대한독립의군부'를 결성하여 의병전쟁을 일으켰다. 그러나 일제에 체포되어 거문도에 유배되었으며 고초를 겪던 중 순국했다.

가난한 백성 구휼한 공로로 낙안군수 되어 부정부패 척결

돈헌 선생은 집안이 궁핍한 가운데서도 1888년 전라도에 큰 흉년이 들자 돈 4,000냥과 조 70석을 내어 구휼하고 1석에 25전의 저리를 받아 백성

을 구하였다. 이듬해 봄 도내 유림의 천거로 절충장군첨지중추부사(折衝將軍僉知中樞府事) 겸 오위장(五衛將)의 직첩을 받았다. 그 뒤로도 구휼에 앞장선 공로로 7월에 낙안군수(樂安郡守) 겸 순천진관병마동첨절제사(順天鎭管兵馬同僉節制使)에 임명되었다. 이때 관아의 벼슬아치들이 백성에 대한 행패를 막았음은 물론 한 대의 매일지라도 억울하게 맞는 일이 없도록 철저히 감독했다. 그뿐만 아니라 체납된 세금 6만 칠천 냥과 쌀 일천 팔백 여 섬을 추징하여 문란했던 세정을 바로잡는 개가도 올렸다. 그러나 39살 때인 1890년 교육의 필요성을 느껴 그 동안의 관직생활을 청산하고 향리에서 백성을 가르치는 일에 매진했다. 1895년 명성황후 시해 소식을 듣고 마을 사람들과 함께 뒷산에 올라 궁궐 쪽을 바라보며 통곡했으며, 동생과 함께 원수를 갚을 계획을 하여 가산을 정리하고 노복을 해방하였다.

돈헌 임병찬 선생

을사늑약 때 무성서원에서 면암과 의병을 일으키다

1905년 일제에 의해 을사늑약이 체결되었다는 소식을 듣고 탄식하던 중 1906년 정월 당시 백성의 존경을 받던 면암(勉庵) 최익현(崔益鉉) 선생이 호남으로 내려 왔다. 이때 돈헌 선생은 최익현을 맞아 사제(師弟)의 의(義)를 맺었으며, 같은 해 6월 4일 전북 정읍군 칠보면 무성서원(武城書院)에서 의병을 일으켰다. 사방에 격문을 돌리고 그 날로 태인을 정복하여 군량과 군기를 확보하였다. 이어 정읍, 순창을 격파하고 8일에는 곡성을 점령하는 동안 근방 포수들이 모여 의병은 900명으로 늘어났다. 이와 같은 면암과 돈헌 선생이 지휘하는 의병진 앞에 왜군은 도망가고 군수와 그 관속(官屬)은 엎드려 사죄하였으며 백성의 호응도 대단하였다. 6월 12일 의병진이 순창에 진을 치고 있을 때 관군이 공격해 왔다. 이러한 상황에서 일제 때문에 동족끼리 죽이는 일이 있어서는 안 되겠다는 생각으로 의병을 해산했다. 그러나 관군의 공격을 받아 중군장 정시해(鄭詩海)가 전사하였으며, 선생을 비롯하여 최익현 등 13명은 대마도로 끌려갔다. 그 후 면암 최익현 선생은 단식항쟁으로 대마도에서 순절(殉節)하였으며 돈헌 선생은 이듬해 1907년 1월에 유배가 해제되어 귀국하였다.

무성서원 안에 세운 '병오창의 기적비'

광무황제의 밀명(密命)으로 독립의군부 전라남북도 순무대장이 되다

1910년 일제의 강압에 의하여 국권이 완전히 상실되자 재차 의병을 일으킬 준비를 하던 중 1912년 음력 9월 28일 공주 유생 이칙(李侙)으로부터 "독립의군부(獨立義軍府) 전라남북도 순무대장(全羅南北道巡撫大將)"으로 임명한다는 광무황제(光武皇帝, 고종)의 밀명을 받았다. 고종은 열강들에 대하여 국권을 만회할 원조를 구할 목적으로 독립의군부를 전국적으로 조직하여 무력항쟁을 추진하려고 1906년 의병장으로 활동하였던 선생을 전라남북도 순무대장으로 지명한 것이었다.

이에 선생은 그동안 구상했던 의병전략과 당시 일제하에서 독립운동방략을 분석하고 앞으로의 독립의군부 활동방법을 제시한 문서를 작성하여 상소하였다. 이 문서는 누구나 쉽게 보고 행할 수 있도록 국한문 문답형식으로 되어 있는데 독립의군부 종합활동계획서 성격을 띄었다. 이 상소가 받아들여져 1913년 2월 고종으로부터 사령총장(司令總將) 겸 전남북순무총장(全南北巡撫總將)에 임명되었다. 선생은 1914년 2월 경성으로 올라가 독립의군부를 전국적으로 조직했음은 물론 대한독립의군부 편제를 구성하고 선생이 총대표를 맡았다. 독립의군부의 활동목표는 일본의 내각총리대신과 조선총독과 주요 관리들에게 한국강점의 부당성을 깨우쳐 주고 대규모 의병전쟁을 준비하는 것이었다. 1914년 5월 3일 선생은 함경남도 관찰사 겸 순무총장에 중임되어 조직을 북부지방까지 확대하던 중 5월 23일 동지 김창식이 일경에 붙잡힘으로써 독립의군부 활동이 일경에 들키고 말았다.

고종이 임병찬 선생에게 내린 대한독립의군부 순무대장 칙명서

거문도에 유배되어 순국하다

독립의군부 계획에 대한 수사가 시작되자 총사령인 선생은 총독 데라우치 마사다케(寺內正毅)에게 직접 면담을 요구하고, 윤 5월 23일자로 일본 내각총리대신 오쿠마 시게노부(大隈重信)에게 '국권반환요구서'(國權返還要求書)를 보냈다. 5월 29일 총독 대리로 온 경무총감 타치바나 코이치로 (立花小一郎)에게 국권침탈의 부당성을 지적하고 국권반환 및 일군의 철병을 요구하였으며, 한국의 독립만이 동양평화를 유지하는 유일한 방법임을 역설하였다. 그 해 6월 1일 다시 데라우치 총독과 일본 총리대신에게 편지를 보내 일제의 한국침략을 크게 꾸짖었다. 그러자 일제는 선생을 체포하여 거문도에 유배를 보냈고 선생은 유배지에서 갖은 고초를 겪다가 향년 66살의 삶을 마감하였다. 정부는 선생의 공훈을 기려 1962년 건국훈장 독립장을 추서했다.

돈헌의 후손 임인길 선생 해마다 충혼제 지내고 기려

돈헌 선생의 후손을 만나러 전북 군산으로 내려가는 길은 자못 설레었다. 고종으로부터 직접 밀명을 받은 의병총사령 후손을 만나러 가는 길인데다가 그곳은 바로 내 고향이기도 했기 때문이었다. 후손 임인길 선생(82살)은 해마다 군산문화원과 함께 임병찬 선생의 충혼제를 지내고 있었다. 대담을 마치고 돈헌 임병찬 선생의 생가를 안내 받았는데 낡고 초라한 집엔 아무런 표시도 없이 세입자의 빨래만 걸려 있었다. 문득 얼마 전 다녀온 충남 서천의 이상재 선생 생가가 떠올랐다. 그곳은 잘 복원된 생가와 유물전시관까지 갖춰 있었다.

초라한 모습의 임병찬 선생 생가

생가 복원 이전에 생가터 표지석이라도 세웠으면 하는 생각이 들어 물어보니 복잡한 문제로 생가 표지석을 생가와 300여 미터나 떨어진 기찻길 옆 선산입구에 세웠다고 한다. 겨울의 황량한 바람을 맞으며 집에서 꽤 떨어진 표지석까지 가보았지만 생뚱맞고 쓸쓸해보였다. 임인길 선생은 이에 대해 "표지석이 제자리를 찾지 못하고 있어 할아버님께 무척 죄송스럽다. 지금이라도 표지석이 제자리를 찾고 생가를 복원하는 것은 물론 기념공원이나 기념관을 세웠으면 하는 마음 간절하다."라고 소회를 말했다. 사람들은 김좌진, 이범석 장군이나 백범 김구 선생은 잘 알지만 고종황제의 밀명으로 독립의군부 사령총장이 되어 위기의 나라를 구하려고 온몸을 던진 임병찬 선생은 잘 모른다. 우리가 독립투사를 흠모하고 그들의 정신을 받드는 진정한 배달겨레라면 돈헌 임병찬 선생을 기리는 일에도 더욱 마음 써야할 것이라는 생각이 간절했다.

생가터 임을 알리는 표지석 앞에선 후손 임인길 선생.
하지만 표지석은 생가에서 300여 m 떨어진 곳에 외롭게 서 있다

나눔을 실천한

한국의 명문종가

초판 1쇄 2015년 9월 17일 펴냄
ⓒ이윤옥, 단기4348년(2015)

지은이	김영조
표지디자인	조준배
편집디자인	조준배
박은곳	광일인쇄 (02-2277-4941)
펴낸곳	도서출판 얼레빗
등록일자	단기4343년(2010) 5월 28일
등록번호	제000067호
주소	서울시 종로구 새문안로 5가길 3-1 영진빌딩 703호
전화	(02) 733-5027
전송	(02) 733-5028
누리편지	pine9969@hanmail.net
ISBN	979-11-85776-03-3

값 19,000원